岩坪輝・星野翼／著

鉄道王國千里紀行

列車上的日本文學、戲劇與映畫風景

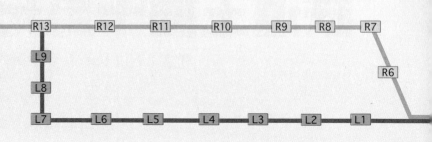

目錄

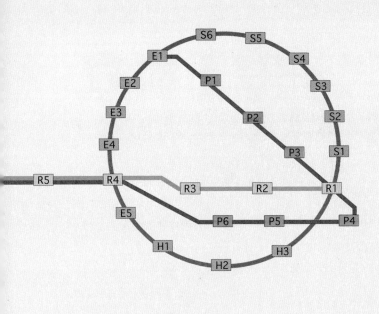

勵志與療癒線
Encouraging Line / Healing Line / Self Reflection Line

御宅鐵線
Railway Fan Line

這或許是一場失敗的訣別旅行，
但寫滿愛

陳夏民（獨立出版人）

我從未去過日本，但細讀岩坪輝所帶回來的鐵道照片與文字後，忍不住回顧生命中幾次長途火車旅行的經驗，才發現當時背包裡總有幾張因汗漬或行李擠壓而變形的空白明信片。那時總如此盤算：火車停靠時，可能到了清邁或是洛杉磯或是日惹，立刻將明信片寫上收件人資訊，投進入眼的第一個信箱。但到頭來，那些明信片往往成為自己最忠實的旅行夥伴，至於留白的收件區塊，可能填上某人的姓名，卻終究配上自己地址。就算回到住處收到這張明信片，也鼓不起勇氣與那個名字的主人分享那一片風景。

於是，當我讀到岩坪輝提到「列車經過大澤橋梁時司機刻意為我這一人乘客多停留了一會」，我才領悟他所說的「我想所謂的鐵道旅人就是乘坐列車到了遠方，然後把盡頭的景色帶回來給更多的人分享」這句話，或許言不由衷。他是否和你我一樣，想把眼前那片美麗景色留給，只留給那一個人？是什麼樣的理由，讓他獨自前往北國，以幾近虔誠的心情漫遊鐵道世界？當他拍下一張張照片，在腦海中探索電影、文學、動畫中與眼前風景的交集之處，心裡頭又想起哪些熟悉的景物？

獨自旅行往往是一場終將失敗的訣別。我們帶著妄想與執念說服自己拍照、寫字，單純紀錄風景就好——「把盡頭的景色帶回來給更多的人分享吧。」——卻總是失敗露餡，在某一段文字流露出過於單純、幾乎沒有防備的渴望：我想我們在一起。當岩坪輝將這些交錯著記憶的文字、照片集結成書，反而讓讀者搭了順風車，化身為他那始終缺席的旅伴，在由鐵道交織而成的旅途之中，陪伴著他，也讓他陪伴著我們，用列車型號、鐵道路線、經典文本的場景作為人生註記，不忘提醒自己：「真希望我（和那個人）也在那裡，我們一定要一起去！」

撰寫旅遊文學的初心往往是作者殘酷自虐，但作品卻總造就讀者編織幸福美夢。於是，當岩坪輝獨自呆望著眼前的世界，「直到最後一個慢跑者經過我身邊、問我時間以致打斷了我的思緒之前，我反省著在自己的人生當中我也是一個害怕寂寞的人嗎？還是我已經習慣了寂寞而任由自己在歲月旅程中隨波逐流？」「不，其實你不算太寂寞。」我想這樣告訴岩坪輝，暗自決定要安排一場獨自的鐵道旅行，我不一定會帶這一本書出發，但若他願意，我（與讀者們都）想在他曾搭乘的電車上，寫給他一張風景明信片，就這樣在他曾獨自前往的世界裡，與他相逢。

推薦 （順序按來稿先後）

鐵道是許多人從小的夢想，也成為許多人生活中的溫馨回憶！鐵道列車不僅是一種交通工具，它也出現在許多電影及文學作品中，成人類文明中不可忽視的重要角色！閱讀這本書真的讓我大開眼界！

——李清志（建築名家）

欣見一本日本「火車狂」本色的作品上市。作者或許文采並不斐然，但對火車鐵道的熱情卻如假包換，躍然紙上！只要是童年記憶裡搭過火車的人，都不免為之動容吧！

——陳克華（詩人）

每個人可以有各自不同原因理由喜歡鐵道，日本鐵道亦然。在日本，「鉄道ファン」是御宅三家眾之一，箇中因專注面的不同，又有許多派別衍化。每個人可以擁有各自不同的角度喜歡鐵道，本書涵蓋了對鐵道喜好的許多層面，例如「車両鉄」「撮り鉄」「乗り鉄」「時刻表鉄」「駅鉄」「地車鉄」「旅と泊の鉄」「SLファン」「通勤電車ファン」「ローカル線ファン」等等，在高速新幹線路線逐漸遍及全日本的今日，有時慢行，才看得清沿途的風景，因此書中可以看出無論高速或漫遊，讀者都可以隨著鐵道旅人的心境，按照自己的速度進入每一個故事的場景。 ——李奇（FB最大鐵道社團日本鉄道社.tw社長）

執著是平行遠颺的雙軌，善感是分離重逢的車站，出自鐵道宅眼裡的故事風雪，僅是去回列車至真至誠的計數光景。

——船橋彰（旅行文學作者）

鐵道旅行的起點

下頁那些車輛，是日本國鐵 JR 為日本東西二大機場以及名古屋鐵道與近畿鐵道為中部國際機場設計的列車，從這三個地方入境日本的旅客，在走出機場海關之後，就可以藉由這些外型新穎充滿設計感的接駁車輛迅速地進入市中心，我稱呼這些車輛為「玄關列車」。它們的外觀設計、塗裝、內裝與本身具有的性能，是鐵道旅人對日本的第一印象。1992 年由東急與近畿車輛所共同製造作為首都東京成田機場特急第一代的車輛 253 系，是日本第一台獲得「世界鐵道設計會議近距離列車最優秀獎項」最高榮譽的車輛，其後隨著時代變遷與使用的耗損而逐漸由 E259 系新型列車取代，但是 253 系車輛之於日本鐵道工業的創舉並不因為退役而減損其歷史光芒。

而從關西機場出發終點站為京都的特急電車 281 系「遙」，則是由三萬多件參與命名計畫中脫穎而出，以象徵千年古都的京都禪意「空」的概念，用特有書法字體呈現出車名，同時結合日本國旗上的丸紅、富士山與京都地標五重塔當作車身側標，來作為 JR 西日本玄關列車的表徵。

0Km POINT

本書所有列車與景點資訊，
請參考附錄。

搭乘這二輛列車抵達轉車站後，我們將一同搭乘21台新幹線與各型觀光列車、寢台與夜行特急等111輛各級車輛，進入日本各地日劇、電影與文學中的場景，從虛擬的動畫到以鐵道作為主題的廣告等，各種以鐵道為背景甚至以列車擔任主角的鐵道世界。

或許你曾經跟我搭乘過同一輛列車，或許你我曾經在同一個月台上守候，這是一趟以車站為舞台，用火車說故事的鐵道旅行。從購買車票的那一刻故事就已經啟程，在一輛輛往前奔馳的列車上我們體驗了別人的喜怒哀樂，而或許在自己的旅途上我們為曾有的故事留下自己的足跡，也替下一位鐵道旅人帶回軌道盡頭那端嶄新的風景。

你是否聽見出發的汽笛聲已經在月台響起？出發！

從東京入國看到的是現代的繁華，從大阪入境則可以從千年古都出發，從名古屋取得上陸許可，端看你想要往左走還是往右走。這就是鐵道旅行。

我的迷惘與追尋

說到為什麼開始追車，好像也不怎麼記得了。那陣子很混亂，記憶有些錯綜，雖不至於忘卻，但也無法完整敘述。人一生總有幾回驀然回首但身邊卻無故人的時分，只能賭物思情並躊躇不前。

那年，我碰上步入遲暮的日本國鐵型列車。我忘了是何時、又如何開始坐在月台上，看著一班班駛向未知的列車載走我的迷惘。幾經沉澱之後，開始體會路線上奔馳的火車彷彿我們，而每座月台則是這世必須遭遇的種種。我們在路線上或許交會、可能追越、甚至退避，或者終究平行、少有會合。

我們同時往不知處在何方的終點前進，也僅被允許如此。我們冀望跳脫既存框架，期望在月台端、在人群內、在城鎮中、在都市裡，幾番旁人注視你時，也能嘴角多少上揚，露出自信笑容。並偷偷在心裡祈願：某日再相見時，相較那天相遇，氣色看起來能更好些。哪怕，只有那自認的一點。

反向的列車在跑．反向的你我也在跑。

PART1

勵志與療癒線
Encouraging Line / Healing Line / Self Reflection Line

列車所往，心之所向

冰雪下的強韌生機
● 阿信 ●

沒有在雪國生活過的人,根本無法了解在天寒地凍中生命垂死的掙扎與
拚了命也要活下來的那種堅持與韌性。

《阿信》

日本名劇作家橋田壽賀子作品，描寫出身山形佃農之女阿信艱苦卓絕的一生。歷經七歲開始幫傭，雪國絕境的生死考驗，戰後喪子喪夫無所依靠，不論地震、二戰空襲或者流產喪女都堅韌的面對生命中每一個考驗，為北國女性樹立起百年的典範。

文化的融合有時靠的是強制性的政治力量，例如戰爭後的殖民地制度整個從語言書寫、從生活的各個層面，徹底的移除原有的當地文化；有時候是靠著和平的方式，在潛移默化當中逐漸把另一個國度的價值觀慢慢融入當地社會，例如現在大家已經習以為常的日劇與日本流行文化等等。

在僅有三家無線電視台當道的 1980 年代，無論是台灣或日本的經濟都剛好處於一個快速起飛蓬勃發展的時代，經過二次世界大戰光復台灣並戮力去除日本化將近四十年之後，第一齣在台灣播出的 NHK 晨間小說連續劇《阿信》，一個來自雪國山形的佃農貧民，但是個性堅毅不屈不撓奮鬥一生的平凡女性故事，以她那平易近人與樸實的面容襲捲了大街小巷。電視劇播出時刻萬人空巷的盛況，一點都不輸給來自香港的《楚留香》。

《阿信》一劇的第一幕就是老年的阿信因為與兒子就公司的發展方向南轅北轍產生激烈衝突，特別是在信用與人情義理等做人處世的基本價值觀上，二兒子徹底違背了阿信一生的原則，於是阿信一氣之下便不告而別獨自乘著火車在紛飛的大雪中回到遙遠的故鄉山形，在緩緩行駛的列車上她一點一滴的回想著自己從七歲開始艱苦成長的幫傭過往。這是第四台尚未開放前大部分台灣人看到的第一齣日劇，由於故事充滿勵志思想並且劇情溫馨感人，無數次的被各電視台重複播放著、收視率卻不因為故事已經耳熟能詳而有降低。

銀山溫泉的夜與日

第一集的取景地是山形縣內的銀山溫泉，一個完整保留大正時期建築樣貌的溫泉小鎮，阿信成長的場景設定在大雪深埋的貧瘠佃農農戶家中，七歲為了讓家人溫飽，以一袋米的代價被賣去幫傭。中間歷經其他傭人的欺凌而逃走，在流浪的路途上遇到在日俄戰爭中從軍隊逃出來的俊作，阿信從俊作身上學習到寫字與知識並且體會到戰爭的無情與尊重生命的觀念，在親眼目睹俊作先生為了救自己而犧牲生命的那一刻，以及之後阿信自己的長子在二戰中陣亡在南洋，阿信一生都是深深的厭惡戰爭與珍惜身邊每一個可貴的生命。因此無論人生各階段對阿信是多麼的無情與嚴苛，無論是甫結婚剛創業就遇上的東京大地震、或者在夫家備受欺凌而受傷再也無法回東京重拾舊業當美髮師傅，但是她仍舊憑藉著樂觀奮鬥又吃苦耐勞的個性，在每個地方都得到貴人的幫助，這一路走來也讓她的一生充滿了傳奇的色彩。

銀山溫泉到了夜晚時刻街上便會點上傳統的煤氣燈，霎那間這一小條溫泉街彷彿就變成了另一個世界一般，沁涼的晚風中穿著旅店的浴衣走在昏黃的橋上，似乎就走進了一條神奇的時光隧道。這裡是一個登記戶籍僅有190人的小鎮，

一個結合影劇後藉由觀光再造的最佳範例，JR東日本為銀山溫泉製作了一個極特殊的旅遊專題，結合400系新幹線與每一間溫泉旅店的女老闆與雪中小鎮的構圖，鼓勵愛泡溫泉的日本人就是要在大雪中搭400系新幹線到這個遺世獨立的小鎮來緬懷大正時期的復古風情。廣大的民眾就像受到號召一樣，每個兒子莫不以帶母親到銀山溫泉泡個湯做為孝道的實踐，與母親一起到這個溫泉小鎮一遊或許也可以呼應劇中阿信疼愛的孫子在她離家出走之後，在眾人遍尋不著的情況下，只有他憑著兒時與阿信奶奶朝夕相處所聽過的故事，在這個遙遠的深山小村莊裡找到了祖母。這是已經高齡82歲的阿信在人生的最後回憶自己母親的地方，這裡的景象象徵每一位母親堅毅的容顏，一種隨著時光流逝經由歲月洗練過後的母親容顏。

2009年秋天趁著工作的空檔帶母親去日本一遊，走完東京市內的行程後我帶母親進入古意盎然的東京車站，車站本體雖然古老但是裡面的新幹線月台卻是設備新穎，我刻意提前到站讓母親親眼看一下幾輛東北新幹線的車種，看到雙層新幹線MAX-E4與400系並聯這樣龐大的列車編成仍舊以時速275公里奔馳著，母親對於火車這個概念有了全新的感受。並聯的列車在福島站分開各自往仙台與山形方向行駛之後，400系新幹線便進入一片楓紅的山區，速度也明顯減緩下來，日本秋天的東北已是寒風瑟瑟，車窗外紅黃交錯的楓樹林把山頭染成一片如印象派一般的景色。列車到達十和田這個小站時其實並沒有多少人下車，但是在這裡下車的人幾乎都被銀山溫泉各旅店的專車接走，顯見我們並不是唯一一組今夜要在銀山溫泉落腳的旅人。

小巴士在山區小路中蜿蜒許久後到了終點站，我帶著母親信步徐徐的走向這個被時光凍結的小小溫泉

街，這裡果然是母親唯一認得的日劇景點。行前我重新播放了《阿信》的第一集讓母親先溫習一次我們此次旅行的重點，但是即使這是一齣三十多年前的劇集，銀山溫泉在這期間並沒有太大的改變，仍然保持一貫的舊時風味。溫泉旅行有很多種方法，追求名氣者可以到不知蟬聯多少年享有日本第一溫泉名號的北陸名湯「加賀屋」，或者尋找特殊水質的療癒系溫泉好好舒展身心，而我選擇了實地探訪過去的影像記憶與母親一同體驗身處在電視劇場景中的滋味。在舒適的泡完溫泉之後，我坐在臨溪邊的和室陽台上聽著湍急的溪水聲，一邊啜著山形吟釀一邊在微醺中記錄著這趟難得的旅行。

2013 年初為了捕捉另一部電影的場景我再次來到山形縣境內，此時新幹線 400 系已經退役，改由 E3 系與 E2 系二輛新幹線並聯行駛東北。雖然氣溫仍是零度上下，在福島還是晴空萬里的天候，才進入山區沒多久頓時四周竟然就籠罩在暴風雪中，即使是與在來線共用軌道的新幹線也因為列車調度而走走停停。

我心裡不禁想著農業技術未曾改良之前，在這樣惡劣的天候下該如何有足夠溫飽的農穫收成？在這樣冰天雪地的土地上又能夠栽種出什麼樣的穀類果物？而生活在這樣嚴苛的雪國當中，一個人又要有多強大的意志力才可以在鋪天蓋地的暴風雪中生存下來？如果說前一次造訪銀山溫泉是為了體會銀山溫泉古樸素雅的裝扮，那這一次被大雪困在山形境內我大概已經可以體會到所有與阿信一樣出身佃農，不得不到外地討生活的遊子心聲，因此我終於了解阿信為何一生都致力要改善山中父母的生活環境與供養弟妹成長的毅力與決心。在已經完全被雪覆蓋住的赤湯站下車的我在車站食堂中等候著下一班列車的到來，此時手中捧著一碗微溫的味噌湯，我心中不住地對此充滿著暖暖的感謝，或許這就是七歲的阿信脫逃當下在大雪中受俊作搭救時感恩的心。

輕快昂揚邁向自己的路
●海女小天●

縱使是雙胞胎,在這世上沒有二個人的命運是相同的,即便我們曾經走在相同的道路上,
終究會找到屬於自己各自當走的道路,昂揚遠行。

《海女小天》

日本NHK於2013年上半播出的晨間劇，該劇故事由「故鄉篇」和「東京篇」兩部分組成。故鄉篇以東北地方三陸海岸岩手縣的虛構城市北三陸市為舞台，內向的主角跟隨母親回到北三陸，然後追隨外祖母的腳步成為海女，並在不知不覺間成為在地偶像。後半部分「東京篇」則描述主角回到東京，加入了偶像團體後的奮鬥故事以及311東日本震災相關的情節。

就像台灣每座港口有著媽祖廟庇佑一樣，在進入北三陸海岸線前也看到了沿海一座神社的朱紅鳥居，慈悲守護被蹂躪的土地並安慰著在海嘯中失去至親的人們。當東北新幹線通車至新青森之後，原先的中繼站八戶頓時減少許多經由青森到北海道必須在此轉車的旅客，而在震災海嘯之後，八戶至久慈這北三陸海岸線更是罕見觀光客造訪。

在大雪紛飛的清晨，搭上八戶線的通勤列車一站站往久慈方向進入災區，從沿著海岸線的鐵路，便可以看到即使兩年過去沿線仍在進行重建工程，然而更多的是廢棄在一旁仍無法復原或收拾的殘潰堤防與沿海住宅。

NHK作為一個公益法人媒體機構，自1961年起總在每天十五分鐘的晨間連續劇中播映勵志溫馨的劇情，名劇《阿信》如此，《鬼太郎之妻》亦如此。因此在日本經歷311東日本地震這般傷亡慘重的災難之後，社會上掀起自發性的節制風氣，人們不斷省思生命的意義與無常，而企劃了兩年的年度晨間劇《海女小天》於焉誕生。一如各地日本鐵道公司多以觀光列車來提升地方觀光與經濟的方式，《海女小天》的製作群選擇了鐵路受災嚴重的岩手縣北三陸鐵道，並且結合八戶海岸線北國海女的地方特色，從一個三代家庭中老中青三位成員的角度結合時事，推出了這一部充滿歡樂積極向上的戲劇。

八戶線的終點站久慈，同時也是北三陸鐵道的起站，整座車站就是《海女小

天》一劇的主要舞台，久慈站外的廣場、北三陸鐵道沿線的大澤橋梁、北三陸鐵道的各式主題列車車輛、以及海女採集海膽的漁港堀內車站，和目前的終點站田野畑，都不斷的出現在劇中。只要戲劇成功了自然觀光客就會回流，那麼中斷的北三陸鐵道就能獲得實際的財務挹助而盡快恢復全線通車。

似乎我在站內車庫停留拍攝各式車輛的取景時間，超過了一般旅客出站的合理時間，我不知道那時值班站長已經默默注意到這麼一個奇特的旅客出現。《海女小天》在台灣剛首播不久，劇情也還沒有到進行到女主角加入少女團體，而

戲劇縱然落幕，團體列車上的小舞台還是有當地少女組為你唱著「潮騷的回憶」！天氣再寒冷，「座敷列車」上還是有著當季的美食熱情的等待你來造訪。

日本的播出已告一個段落，而旅遊旺季暑假也已經結束，現在是海女與海底下的海膽休養生息的時間，久慈站內站外一如昨晚的大雪過後一樣，一片蕭瑟，站前廣場空蕩蕩的，只剩下劇中觀光促進會留下來的巨幅海報和女主角天野秋與結衣試圖逃離奔向東京一圓星夢的公車站牌。

我繼續搭乘北鐵往災區移動，經過了劇中的各場景之後直到列車停駛的隧道口，我嘗試著想像黑色巨浪沖擊峽灣時那驚人的破壞力是如何肆虐著這個角落，隧道另一頭的景色是否正如當時搭著北鐵列車要去東京為小天演唱會加油

我默默的在離開阿美橫町前，樓上一生未曾來到這裡圓夢的結衣，以及曾經在這裡奮鬥過的海女小天說了聲：「新年快樂！」

的結衣一樣的震驚？對於災區來說目前最遠就只能到這裡了。但是希望的力量不僅止於此，至少透過戲劇像我這樣一個癡迷於鐵道的人，不就不辭千里的跑來這裡體驗311種種的一切，並且希望帶來一丁點的祝福與力量。

回到久慈站，站長主動與我攀談，似乎我是第一個是因著《海女小天》造訪當地的台灣人，他看到我四處拍攝站內種種劇組留下來的活動紀念道具與劇照，而讓他好奇的與我閒聊起來，站長希望我教他「小海女」（台譯劇名）正確的中文發音。他正如劇中苦思重振北鐵的站長一樣熱情，眼前真實的站長細細為我解釋這個琥珀小鎮與北鐵的種種資源，希望我鼓勵更多台灣的朋友在夏天海女季節時來此參訪。

此時我回想起剛剛列車經過大澤橋梁時司機刻意為我這一人乘客多停留了一會，似乎以目前一天不過數班車次的運量來說，對於車上僅有一個支持北鐵的觀光客到訪，這樣的盛情就是為堅守北鐵崗位的他們帶來力量的方式。我想，所謂的鐵道旅人就是乘坐列車到了遠方，然後把盡頭的景色帶回來給更多的人分享，藉由文字或照片讓更多的人循著相同的路線去尋找鐵道盡頭那端屬於自己的意義。

就像劇末小天與結衣牽手走過黑暗隧道、走進充滿希望的陽光裡一樣，三代的海女各有夢想，無論曾經懷著星夢到上野的天野春子、一生未離開北三陸市的天野夏婆婆以及橫跨東京與北三陸二種截然不同生活的天野秋，在平順的高速鐵道上也好、在顛簸不平的地方私鐵上也罷，對於人生漫漫長路，我們都是在人生列車上旅行的人。

回到了昔日往東北地區的玄關車站上野之後，我站在劇中阿美橫町前的藝能事務所樓下，想像著從東北新幹線或東北本線搭車來到上野站的人一定都對東京未來的生活充滿著夢想。平凡的世界中唯有夢想的力量最為龐大，這股力量可以創造出一段悅耳的音樂或者一首首膾炙人口的詩詞，來自花卷的宮澤賢治、青森縣的寺山修司和太宰治、與函館的石川啄木都曾經從這裡走進東京這個大都會中尋找夢想，進而留下了他們的創作足跡，讓小林紀晴試圖在上野站藉由寢台北斗星來緬懷他們的身影，一如現今我所做的事情一樣。

我從海嘯災區的北三陸歸來，希望能藉由分享在當地的所見所聞給下一個旅人出發的力量。即使是搭乘新幹線，但是你們也將在列車上和我一樣在面對車窗外的景色度過漫漫時光，只要在這一段乘車時光腦海中產生的吉光片羽能夠為你們帶來靈感與啟發，我想鐵道旅人之間就已建立起跨越時空限制的真摯情誼而彼此心領神會。

幸福人生旅途的起點

● 鬼太郎之妻 ●

雖說有作惡多端的妖怪，但還是有不少善良害羞的，水木茂的妖怪小鎮等你來體驗。

《鬼太郎之妻》
從漫畫家水木茂的妻子武布良枝的角度，描述自己與在二戰中失去左手的丈夫，藉由相親結婚，直到漫畫《鬼太郎》紅遍大街小巷的榮光。歷經漫畫產業興衰，歷經電視從黑白進入彩色，從境港移居東京調布市數十年間貧窮生活的點點滴滴。

從 Sunrise 出雲號上醒來時，列車已在黑夜中呼嘯了 11 個小時。不知不覺昨晚依舊繁華的東京遠遠拋諸 900 公里之後，晨曦尚微明，列車也已開進山陰本線。14 天的國鐵券已經用了一半，遠在台灣的學長一早便傳訊叫我起床，怕睡過了米子站。其實在那似假又真的夢中，我早已清醒，準備好在米子與境港之間對於水木茂的所有列車進行全收獵計畫。

太陽與地平線的夾角延展到 45 度了，沿途風景美不勝收，卻還是得下車了。留下一兩輛妖怪版的 Kiha 40 影像之後便蓋上了鏡頭蓋，我一時興起從米子走到下一站安來的想法，譬如電視節目的途中下車一樣，只是沒想到 8.8 公里的鐵路路線距離，換成在攝氏 30 度的天氣步行之後竟然是如此耗費體力。我告訴學長正在米子與安來之間的國道上，沿著緊貼鐵路建築的道路邊散步邊看著沿線的風景，看看衛星定位，這單程步行距離就逼近 11 公里了，站距雖遠不如首都圈般親民，但是卻多了份鄉村的愜意感。山陰地區班次固定，不會造成旅人多大困擾，到達安來後直接跳上普通車返回米子，接著轉乘 Kiha 40 妖怪版的彩繪列車前往境港，在途中又選擇了個看起來不錯的點臨時停下腳步，下車！重新立起腳架等待列車通過。

在這約一小時才有一班往返的列車支線中，隨著氣溫迅速升高，過去的點滴也逐而浮上心頭。對於一段過往，你的印象是什麼？或酸、或甜、或苦、或辣，或匆匆忘卻，或牢牢銘記？經常我們因為太多繁瑣的不固定性，造成對於別離

有種無可奈何的感嘆。也許在這終點過後，那位曾經讓你對於某地流連忘返的人，也將永遠與你道別。無論將來在這平行線的終端是否能有交集、能否再一次與她見面，抑或如何？勢必得打起精神，振作自己的身子，朝下一站走去。

境港臨海小鎮以前是與朝鮮貿易的重鎮之一，爾後產業結構改變，居住人口逐漸老化而沒落，近年因水木茂的諸多作品而再次提振起小鎮的繁榮。這裡是水木茂夫妻一生勞苦的縮影，是鼓舞人重新振作的範本，也是幸福人生旅途的起點。如此，斑駁也能讓人有了嶄新的感受。

釀出第一清酒的執著
●夏子的酒●

從一顆稀有的幻影稻種到一片黃金稻田，從一粒澄淨透明的白米到一杯清澈見底的清酒。
這段感情能不能同樣也可以抵擋暴雨和風雪，最後成為一口溫暖入喉的佳釀……

《夏子的酒》

日本漫畫家尾瀨朗作品，並改編成同名電視劇。出身清酒釀造之家，因家中變故而繼承家業，兄長遺留傳奇稻米種子「龍錦」希望釀出日本第一的清酒，此種稻米無法以現代化農業機械大量耕種與釀造，作者希望藉由此故事為有機農業重新注入活力，鼓勵各稻米產地保留自身獨有的清酒風味。

台灣從1898年日據時代就開始施行菸酒鹽油的專賣制度，這樣的政策在當時的確達到了增加政府稅收與穩定物價的效果，而當時代變遷日本自身早已開放各地私人釀酒事業，台灣直到2002年在加入世界貿易組織WTO之後，才將菸酒公賣局改制為股份有限公司的經營型態。但是在自由貿易開展後的今日，行之有年的酒類專賣產業並沒有為酒類市場帶來太大的改變，無論烹調或祭祀活動前，我們早已習慣到便利商店或大賣場把搜尋目標放在最熟悉的歷史商品：紅標米酒！對於這個在一般台灣人眼中獨一無二的紅標米酒，我們所在乎的只是這項商品的價格，米酒價格甚至成為民生經濟指標的參數之一而成了總統大選辯論的主題，這樣的傳統似乎讓米酒只成為日用品項，而沒能像咖啡一般變成一種生活的藝術。

水是生產清酒的主要原料之一，由於在釀造清酒時主要是使用地下水，因此從古至今在日本生產名酒之處皆離河川或者具有特殊口感的清澈水源地不遠。對於釀酒師而言判定水質優劣的一個條件為水的硬度，使用硬水釀造的酒口感較為辛烈，而使用軟水釀造的酒則口感偏向甘醇。此外由於澱粉是酵母發酵時所需要的能量來源，故選擇釀酒所用的稻米品種也同時左右了釀造出來的清酒品質，因此在日本想要釀造出優良的清酒就同時需要搭配高品質的稻米品種。

2007年「國際美酒大賽」開始增加日本清酒的比賽項目，由於2012年大會是在東京舉辦，因此這一次參加比賽的酒類爆增到700種左右，吸引了全國各地

的酒莊來競逐「日本第一」的最高榮譽地位。這樣的酒類文化對於第一次進入
日本居酒屋的人，看到眼前酒架上琳瑯滿目的日本清酒酒瓶一定很好奇：本質
上都是米酒的東西，日本人是為了什麼目的把它塑造成一種既是生活上不可或
缺的飲品、又同時能夠具有絕佳的美感──從酒標銘柄的書法字體與酒名的設
計構思與瓶身搭配的顏色等等，以及整體工藝設計的概念上傳達所有關於這瓶
酒的一切訊息。透過各大日系百貨公司的推廣宣傳，國人近幾年已經通曉全國
冠軍米種日本新潟縣的越光米，但是由米衍生出來的商品日本清酒似乎沒有隨
之在台灣引起廣大的迴響。

我好奇在我們眼中同樣是米釀出來的酒,清酒和米酒二者之間除了味覺之外,
為什麼各式各樣的日本清酒在視覺、美學以及吸引度上有著這麼大的差別?直
到我看完整套尾瀨朗先生1988年開始連載的漫畫,並且在1994年時改編成電
視劇的《夏子的酒》時,才明白要釀成市場通行的小瓶清酒原來是這麼的不容
易,遑論要在日本清酒大賽中拿下金獎的冠軍,對於釀酒師來說那是一趟多麼
遙遠的旅程。

日本的福井縣與新潟古稱越州,與栽植出號稱「秋田美人」米種的秋田縣都是
東北地區稻米生產的大宗,沒有錯,就如同佐伯夏子說的「要做出日本第一的
清酒就必須先種出日本第一的稻米」,越光米即是越州之光。因此在當時有機
農業概念尚未萌芽的1980年代,尾瀨朗以 JR 東日本長岡地區越後線的小島谷

車站附近的久須美釀酒廠為背景,在《夏子的酒》這本書中開始倡議放棄使用農藥,讓釀酒產業回歸到最初原始的方式,以最符合自然的方法種植出稻米,進而生產出最具自然風味的清酒。在冬天從柏崎站出發往小島谷方面前進,冬季的日本海沿岸稻田已經收割完畢被大雪層層覆蓋著,而我想這個時候沿線的各個釀酒廠應該也如同夏子一般在經歷過了篩地、鬆土、插秧、施肥到除蟲、灌溉與收割之後,都在酒窖裡與酵母在天寒地凍中博鬥著,看看今年豐收的稻米是否能在春天櫻花開放前,變成一杯陽光燦爛的清酒。

一個平凡但動人的故事隨著漫畫暢銷而讓電視台決定製播成一齣連續劇,藉此讓日本酒莊開始重新審視當初酒類商業化大量生產的必要性,同時也讓散居各地的小酒莊有機會保留地區獨有水源與稻米品種的搭配,重新開發新種的清酒,「土地人本主義」看來再次戰勝了資本化的現代社會,有機農業得以重新在市場上占得一席之地,在尊重大地的恩賜下把原本在經濟風暴之後頹圮的日本稻米產業再一次復興。

可惜二度在長岡地區尋找主題曲MV中女主角騎著單車奔馳在青綠廣陌的稻田旁、伴隨呼嘯而過的列車都沒有成功,看來在劇集結束的二十年後要尋找到那班傳統國鐵色新潟塗裝車輛顯然有些困難,2013年冬季我僅能在長岡站的機關車庫中看到一節相同的車廂孤獨的停放在軌道上。不過,在劇集播放當時行駛在上越地區的主要車輛200系新幹線國鐵原色塗裝,倒是在一個偶然的機會下在大宮站巧遇了,200系新幹線目前僅存十一輛,當中十輛為改裝後的新塗裝,僅僅保留一輛為舊國鐵時代的車體顏色,而這一台傳統墨綠塗色的列車在東北新幹線開通二十五週年時以原有的200系樣貌重新亮相。

感謝釀酒女神給我這個機會留下這禎對我意義非凡的200系復古造型相片當作釀酒巡禮的紀念,此時大雪紛飛車窗外沿路都是被雪覆蓋著的稻田,在陽光的冬日中我回想起第一次在台北品嚐過的名酒「杜氏之詩」初入口的滋味。我看

著眼前一片片隨著車窗一閃而過的雪田思索：蒐集佐伯夏子所謂那種「像彩虹一般有著陽光燦爛的口感的清酒」的酒客，或許就像蒐集各種火車的我一樣執著吧！

跑者是為了什麼而跑

● 箱根驛傳 ●

你知道從東京到箱根蘆之湖有人是用跑步去的嗎？

日本人迎接新年的慣例是在除夕觀看NHK紅白歌唱大賽，以及在元月二、三日觀賞各大學田徑選手由東京皇居前讀賣新聞大樓至箱根蘆之湖之長程馬拉松接力賽「箱根驛傳」，路跑全程由電視新聞即時轉播，賽跑路線沿途現場觀賽或看電視轉播者難以計數。小說家三浦紫苑的作品《強風吹拂》，即描述一群以參加「箱根驛傳」為目標的長跑選手的故事。

在日本新年假期的第二天，元月二日清晨，我在前往東京的東海道線電車上遇上了洶湧人潮。原以為這些都是和我一樣準備排隊參訪二重橋皇居一年一次的盛會，後來在馬場先門的十字路口上看到日比谷大道兩旁掛滿附有無數小標語的麻繩隔開了擁擠的人群，之後在日本橋也發現道路兩旁有著相同的警戒線維持群眾秩序，等當天回到旅館看新聞，才明白這樣的路線管制不僅僅只有我在市區看到的那一小段，而是日本新年除了紅白歌唱大賽之外另一個受到全國注目的活動，箱根驛傳競走。

一項由讀賣新聞社主辦，由東京皇居前的大手町讀賣新聞本社一直跑到神奈川縣箱根蘆之湖單程長達一百公里，交由十位選手進行的長程接力往返賽跑。對照近日所有東海道電車上的這些標語以及今天所看到的人海所為何來，同時也才理解去年冬天在陽光燦爛卻寒風刺骨的湘南海岸國道134號上，為何有許多跑者忍受著零下的氣溫在擁擠的車潮當中默默的擺動雙手往前奔馳。

除了直接在賽道上較勁的選手之外，十個區間的中繼站附近與沿線也都有各個參與學校的情報蒐集與後勤補給人員，以及利用沿線鐵道

從鶴見開始的「花之二區」有十個區間中最長的距離，不是跑得渾然忘我，就是被權太坂開始上下起伏的丘陵擊敗！

提早至下一區間為自己支持的選手加油的民眾。據說長程馬拉松跑者在達到一個肉體極限時，意識將會超脫於周邊的真實世界之外進入大腦無法感知的另一個境界：「跑者高潮」（Runner High），而我回憶起昔日服役時在軍隊當中每天晨跑，那一種在終點前衝刺時近乎暈眩而身體卻不由自主地繼續前進的那種恍惚迷幻的感覺。

這樣的感覺也曾經出現在鐵道迷守候列車通過的那些特殊的極端時刻。或許是在冬季豪雪掩道的東北山區，或者是暴雪肆虐的日本海沿線，或者就在北海道各地拍攝景點守候著名列車通過，但是列車卻因為風雪而延誤超過一個小時以上的那種時刻，拍攝者凍僵的身軀與不敢離開快門按鍵的手指僵直冰凍在零下世界當中，意識在放棄與堅持之間不斷的擺盪著。

一個微小而軟弱的聲音在心底準備向這樣的極限溫度屈服，而另一個理性的聲音也不斷的在耳際冷靜地響起，只要等到列車通過並且順利的拍到這台列車，眼前結合列車與雪景的景象自此就在自己的人生中成為永恆，這是一個自己與極限溫度的挑戰；更多時候也是相機本身與溫度的對抗，畢竟在白雪皚皚的冰庫當中，如何在列車快速通過的一瞬間讓相機保持可使用的狀態，這在列車嚴重誤點的時候的確考驗著機器本身！

我自己曾經歷的一次 Runner High 就在零下 11 度的札幌車站月台上。我一股傻勁的等候著因為大雪已經誤點超過一個半小時的仙后座寢台進站：三輛由函館接替 ED79 繼續往終點站札幌行駛、由寶藍色金帶 DD51 牽引的豪華寢台，我差這一列就可以完成一幅拼圖！與我一同瑟縮在月台前端的日本朋友過來用簡單的英文告訴已然凍僵的我，剛剛站內廣播列車到達時間又將往後延遲約半小時，問我是否要與他一同先進去車站的地下候車室取暖，等到列車即將進站的廣播後再重新出來架設攝影器材。

在自忖有可能無法在這樣的溫度下揹著器材往返距離遙遠的地下候車室域與月台最前端、並及時架好器材完成拍攝工作，我選擇咬著牙繼續在風雪中等候仙后座列車進站，以防止任何突發的狀況發生。當時的感覺對於並非長年習慣雪國氣溫的一個台灣人來說的確是一個艱困的考驗，水分流失嘴唇乾裂、分不清是否因為寒顫的壓迫而由下腹不住傳來的陣陣尿意，我無法想像已經走到這一步若錯失了這北國之旅的最後一張照片將會產生多大的懊悔，那時候的意識已然超越肉體的軟弱而飄向遠方進站的列車汽笛聲響。我不曾跑過 10 公里以上的馬拉松，但是我想我完全能夠體會書中主角經歷過的那種超然時刻，於是動筆寫下這個故事，獻給每一位在豪雪中站在高崗海邊取景的鐵道攝影迷們。

你有沒有在酷暑或者極寒之下在等著拍攝一班列車通過前快要暈倒的經驗？連接肉體極限與內心小宇宙的橋梁就是「腦內高潮」。

永遠的旁邊是一步之遙外的永遠

●永遠在身邊●

當人生正要展翅高飛的時候，你該如何面對突如其來的婚變與即將終止的生命？

《永遠在身邊》
小說家白石一文的作品，描述一對在博多長大的朋友，
各自進入東京名校並成為社會菁英，直到因為面對中年
危機與巨變時回到故鄉，彼此相互扶持。書中以香椎海
濱國宅為背景，討論婚外情、獨居老人、中年失婚者與
憂鬱症病患的照護等議題。

設計美學家蒼井夏樹曾在這裡過了一個很愜意的下午，但一篇短短的文章，我
竟花了三次才真真確確的找到書中所指的地方。很不巧的每次到了九州的香椎
都是夜幕低垂的周末，出了車站的確很難找到香椎海濱的中央公園。一個自信
選用與紐約中央公園相同名稱的地方，我想那裡一定有著足以與紐約匹配的特
色，前兩次造訪鎩羽而歸只能在站前的居酒屋徒呼負負，但是今次經過了西鐵
香椎車站之後就開始看到一棟棟的國宅聚落，我想白石一文提到的海濱舊國宅
群應當是在附近沒有錯。

第一次到香椎是搭乘與台灣引進的太魯閣號類似的振子式列車 Sonic，走出香
椎站不久便可以看到故事中主角見面打坐參禪的佛寺，但是衝著網路評論家對
於這本著作的讚言：「這是一段在晦暗長路中尋找一線稀微亮光的旅程；這是
一則在記憶長河中淘選熠熠生輝片段的故事；這是一首即使困頓顛仆，依然抱
持希望的生命之歌。」這段話促使我第三次來尋幽探訪。或許出於事不過三的
緣故，這次看到專門為香椎線特色設計的車輛 AQUA LINER，一輛以水瓶座
字首為名的專列出現在博多車站最旁邊的鐵道上，靜靜地等候要返回海濱住宅
區的人們。前有設計類書籍的專文介紹，後有撰寫香椎海濱長大的兩個一起長
大的好朋友，一同經歷了求學、大學畢業後在東京工作奮鬥、以及在不可抗拒
的中年危機時期到來時相濡以沫的故事，現在 JR 九州更為這個地區設計了新
塗裝的列車，我想第三次去尋找這個所在絕對可以滿載而歸。

第一個讓我駐足觀望的，並不是蒼井老師書中描述的那棟聳立在中央公園綠意盎然的新式住宅大樓，而是海灣邊的朱紅橋梁上櫛比鱗次用來裝飾的柱頭，這個設計緣由是出於最古早的日本橋一樣的銅鑄「擬寶珠」。二次世界大戰時在東京大空襲中半毀的第十九代日本橋重新以煤氣燈裝飾後，六顆貴重的擬寶珠消失在世人面前，我們僅僅只能從歌川廣重的浮世繪「東海道五十三次」看到這個建築歷史；而近日在一個電視節目中公開了一個消息，在日本橋旁的漆器名店黑江屋中保有一顆擬寶珠作為鎮店之寶，現今只有在少數的佛寺五重塔頂與京都皇居二条城前還存有同樣的建築風格。香椎海濱旁的散步道欄杆上以擬寶珠當作柱頭，眼前所出現的海中鳥居整體上來說就像是一個大海神社，和廣島的嚴島神社格局不同，神社鳥居下的石燈感覺上像是杭州西湖中暱稱小瀛洲

「三潭映月」的縮影聯想。廣袤的海景旁佇立著讓蒼井老師帶上一杯咖啡靜坐一個下午的新式住宅，隔鄰並立的就是白石一文筆下憂鬱症的二位主角度過晚年的海濱舊國宅。

海風徐徐，看著一群騎著腳踏車的青春學子疾駛而過，我終於自眼前平實的景色中體會到書中主角對於多舛人生的自我療癒過程。我不知道今天月亮是否將會由這個海岸上升起，或許當某一天夜晚來臨而這座鳥居下的石燈點燃之時，海天倒映的月影應該會引發一些人的靈感吧！回到香椎站搭上前往小倉的列車，心裡著實湧起詩興提筆寫下種種關於中年不惑後的字句。

寂寞心靈的救贖
●書人因緣●

「這橫是甲板,那豎是桅桿,甲板上的我們握緊彼此的手,
用真心一起橫渡那文字大海。」——《啟航吧!編舟計畫》

《我在森崎書店的日子》《啟航吧！編舟計畫》
《神保町書蟲》《林布蘭之光》

神保町為東京最大的古書集散地，從大道到巷弄也是各型出
版相關業者群集之處，無論是愛書人或者從事編輯印刷出版
之人到東京必至的朝聖之地。既曰具有療癒效力的書蟲就是
一群徜徉在書海、各自浸淫在書中世界、不問世事的宅男腐
女心情小語。

東京地下鐵三田線、新宿線與半藏門線在神保町相互交會，地底下的站體建築
一共有九個出口，讓這個通往書店街的車站宛若一座龐大的迷宮，一如知識本
身就是一片無邊無際的海洋。光是以靖國通與白山通的十字路口交織而成的書
城神保町為書寫背景的劇本與書目，除著重在書店地理位置分布與書店特性的
描述性手繪文摘《神保町書蟲》之外，從《林布蘭之光》開始，還有代表日本
角逐奧斯卡最佳外語片的《啟航吧！編舟計畫》與療癒小品《我在森崎書店的
日子》，描繪在文字汪洋中徜徉的感覺。

只是我僅僅憑著一張劇照，不曉得能不能在這個由書籍堆砌起來的街道上，找
到森崎書店那扇女主角斜倚窗前的白色建築。在那個當她不知何去何從而封閉
自己的白色城堡裡，有著來自四面八方蒐購而來的二手書籍，可以讓她在不知
不覺中藉由裡面的知識找到重生的力量。只是神保町舉目上下到處都是像這樣
的二手書店，每一間書店都有著令人嘖嘖稱奇的二手收藏，要找到劇組設定的
森崎書店實景在年假的冬夜裡似乎有困難。

正是因為有三條地鐵線交會，從每一個出口都可以看見大地標三省堂書店，但
是每一次繞進巷弄之間，眼前的每一條小徑看起來卻是那麼的相似也那麼的不
同。光是小型二手書店所在的鈴蘭通南北向與東西向的交叉口，我在二個小時
內就從不同的方向走來走去繞了三次，平日人潮絡繹不絕的這些街道在新年假
期第二天的夜裡連一個歇腳的食堂都杳無蹤影。我癱坐在一家書店的門口靜靜

的看著休假前最後一周的熱門書籍銷售排行榜,我想等一會兒養足了力氣最後再來走一趟,找到了女主角常去的咖啡廳卻沒找到森崎書店,那麼這一趟探訪就無法算是完整的結束。

走到明治大學附近快到聖橋,依照電影中幾個出現的地標我再度進入地下鐵車站從新御茶之水來到神保町,選擇剩下可能的出口做最後的嘗試。在昏黃的燈光中看著眼前一棟和式建築,之前已經數度與它擦身而過,只是當我抬起頭不

經意的看著旁邊的那棟水泥建築時，我驚訝的發現原本照片中為了電影漆成純白外牆的森崎書店，在拿掉電影海報之後就隱藏在這溫暖的鵝黃燈光下，陪著女主角度過一個個漫漫長夜的就是這盞路燈，找到了！完全就是古人描述的在那燈火闌珊處找到覺得也可以照亮自己的明燈了。

《啟航吧！編舟計畫》中男女主角棲身的宿舍鳳明館，位於東京大學赤門附近，百年旅舖無人不知無人不曉，從地鐵站出來後便有一個又一個路標指引著著它的所在。館中女將對我自信地介紹電影場景所使用的房間，相較之下森崎書店顯得素雅而沉靜，默默的在冬夜就著一盞燈火的溫暖兀自矗立在巷弄的角落裡不輕易讓人發現，巷弄狹小到我幾乎得趴在地上才能找到勉強可以拍攝全景的角度。我驚訝於自己這種病態的執著，在寒風蕭瑟的假期中把自己困在這幾條巷弄內做這樣的蠢事，或許失戀的人都有著相同自虐的心態吧。我不輕易

請為我點一盞燈，等讀完這本書之後，我就能為自己找到下一個人生出口。

這是2004年第一次自助旅行來的地方,也是唯一一一卷遺失的東大底片。當時方結束一段八年的同居關係,這些年雖多次再訪日本,但是從無心再來這裡補拍留念。世界在那之後迅速的數位化,從手機到相機都有了新的樣貌,十年後的我仍舊像個附近的學生一樣走進小巷從側門繞過來,還沒有走到這裡眼眶就不自主的濕了起來。原來那是過去留下的傷口,沒有癒合,只是暫時遺忘!

「知識給我們力量，字彙帶給我們靈感，在書本中我們尋找著自己，
而書寫的人盡其所能的在遣詞用句中為我們的心靈找到方向。」
——《啟航吧！編舟計畫》

坦承自己的傷口，一如同森崎書店保護著它自己不輕易讓不相干的人發現一
樣。

我終於卸下一天的疲憊不去在意偶爾經過的路人眼光，大剌剌放下背包坐在森
崎書店前的民宅門口端望著它，按照書中那顆失戀破碎的心恢復的緩慢節奏，
從自我價值的否定到有勇氣打開那道窗盡情讓燈光傾洩而下的自在，我想自己
離癒合的時間也不遠了。

《啟航吧！編舟計畫》裡的字典編輯花了最久的時間研究關於「愛」這一個字
的解釋，那種飄飄然如上天堂的感覺我想再過不久應當也會重新出現在我內心
當中，身軀雖然疲憊但是一股熱流卻源源不絕的從身體每個角落湧出。在書籍
網站 aNobii 上我以「神保町書蟲」稱呼自己，而今夜我這隻書蟲終於破蛹而出
準備飛翔。

永保赤子之心
●愛的座敷童子●

越是到了釜石線的盡頭越能看見災區呈現的憂傷，但是行駛在銀河線上的每一顆星光都是一個個新希望。

《愛的座敷童子》
日本作家荻原浩小說改編的電影。原本關係疏離的一家
人，因為父親中年職場危機被迫離開東京總公司，全家
搬到岩手縣遠野，暫居百年古木屋時，遇上了象徵吉利
的座敷童子而發生轉機……

在鐵道迷的眼中，釜石線因為宮澤賢治的緣故暱稱為「銀河線」，走出新花卷
車站之後便可以看到《銀河鐵道物語》作者宮澤賢治的生平事蹟碑文，而釜石
線上的大站遠野，保存了大約八百餘則日本民間傳說而成為日本童話的故鄉。
之前在搭乘夜行寢台列車時就對候車室中的人事物產生濃厚的興趣，在這個斗
室中堆積著像座小山的記事本滿滿的寫下一則又一則路經此地的旅人心中的千
言萬語，當我無意中翻閱到311之後的留言，從字裡行間特別能夠感受到在歷
經突如其來的海嘯重創後，當地人們必須強制遷離時在搭乘列車上所寫下種種
離開故鄉當下的不捨、外地遊子返鄉尋找親人下落的不安、以及來自四面八方
的旅人所留下對災區與災民的誠摯祝福。

在釜石線站與站之間，即使到現在從車窗往外望去，夜晚仍舊是漆黑一片，鮮
少看得到燈光，列車像一隻在黑暗中獨自飛舞的螢火蟲，在軌道上緩慢的前進

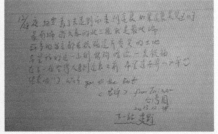

你習慣在留言本上寫下綿綿情話、對這片土地
的關懷，還是給自己一個鼓勵？

著，我想從新花卷站開出後的夜空或許與當初宮澤賢治看到的是一樣的滿天星斗。有意思的是這條JR東日本時刻表上的釜石線車站，似乎在另一個平行時空同時運行著銀河鐵道線，每個車站都有對應著它們在每一則童話中所代表的意涵而在月台上豎立標明另一個站牌標語。眼前駛來的車輛與心中所搭乘的路線交疊著，在這一條線路上現實與夢想並行不悖，彼此就像是鏡面兩端呈現出的不同世界，銀河線上的鈴鐺聲提醒著帶領我們通往夢想道路上的列車即將到來，現實中的氣笛聲催促著我們繼續往下一個目標出發，不要耽溺在已經逝去的美好時光中。

所謂的童話，就是那些時時提醒我們常保赤子之心的故事，這個地區以象徵帶來吉祥的座敷童子以及名聞遐邇的河童，在所有的東北童話裡最為出名，只有擁有純潔心靈的人就能夠看到默默在家裡守護的座敷童子，而河童也在芥川龍之介妙筆生花的敘述下變成了幽默詼諧的模樣。

岩手縣飽經天災摧殘之後，這些療癒的故事一一重新搬上銀幕撫慰心情受創的人們，其中電影《愛的座敷童子》便以岩手縣鄉間為背景，希望透過積極正面的劇情為災民帶來重生的希望。而另一部NHK於2007年播放的晨間連續劇《旅館之嫁》，場景也以盛岡市舊岩手銀行中之橋分行為中心，並帶領觀眾深入郊

你確定這班列車開往遠野還是駛向銀河？而在月台上導引你的是座敷童子還是站長？

區的童話小鎮遠野，讓觀眾一方面得以瀏覽岩手縣的風光景緻，二來也達到觀光宣傳的目的。以紅磚白牆作為裝飾的舊岩手銀行中之橋分行與東京車站一樣都出自名建築師辰野金吾之手，在盛岡市取景的節目通常不會遺漏這座辰野先生在東北地區留下的唯一作品。

在夜晚的遠野車站準備搭乘最後一班車回到盛岡市時，外面細雪紛飛寒意直直沁入衣領，我與另外一位候車的旅客不約而同的偎著小小的煤氣暖爐，索取候車室裡一絲的溫熱。遠方即將進站的列車汽笛聲回音在空曠的夜裡顯得特別宏亮，原本緊閉的站務室也倏地拉起鐵窗，站長拿著信號燈走向月台、站在月台上等待著列車到來。此時，原本一直緊閉雙眼的另一位旅人突然張開雙眼問了我一句：「這麼晚了你一個人旅行不會寂寞嗎？」我在聽聞當下不禁突然看到月台上的河童立板與站長的身影，想著現在進站的這一輛列車到底是釜石線還是開往銀河線？空無一人的車廂裡面如果載有座敷童子的話，站長與這位即將與我一同乘車的旅客難不成就是河童了？這是今晚最後一班往新花卷方向的列車，而我卻開始顯得有些緊張焦慮而躊躇不前。

無彩青春
◉沒有色彩的多崎作和他的巡禮之年◉

當你坐在新宿的第九月台上看著往松本的末班車,會思考些什麼?

《沒有色彩的多崎作和他的巡禮之年》
日本作家村上春樹的長篇小說。一段被背叛的高中友誼，一個
個突然消失的大學摯友，深藏在內心多年深處的傷口突然由戀
人溫柔地開啟記憶之匣，多崎作決定出發把人生曾經有過特殊
意義的色彩一個一個的找回來。

我以為村上春樹除了寫作之外，大半時間在聽爵士樂，畢竟他千禧年前後寫了
二本《爵士群像》來描寫爵士樂界中知名的歌手與演奏家。我以為他不寫作的
時候多半的時間在慢跑，在不斷地錯過諾貝爾文學獎桂冠與自認被日本文壇遺
棄之後，我想大師從這個無奈的結果中頓悟了些什麼，然後成為這一本小說的
靈感。

身邊有好多朋友以擁有全套的村上全集為目標，他們在書中的人物身上投射自
己的心情，只是不曉得這些擁抱著村上春樹的人們知不知道，在每天進出人數
高達350萬人的新宿車站裡，他們有極大的可能親身和他們心中膜拜的大師擦
肩而過？在數位世界中的各種書寫平台不乏一篇篇關於他們自己對於村上著作
的書評與感想，而只有我們自己知道有沒有在第九月台找到曾經尋羊的而立春
樹，抑或得見耳順之年的村上身影。

《1Q84》的浪潮再度席捲很多人的書架時，我是連搬上大銀幕的《挪威的森
林》都無法一次看完。或許我人在第九月台上還無法體會他拿著一杯咖啡靜靜
待在乘客較少的月台盡頭的心境，因為當他看著一班又一班開往松本的特急列
車思考著死亡時，我還在看我相機的光圈與白平衡是否調整恰當；在他思考著
屬於自己從哪裡來又將回到哪裡去的當下，我可能懊惱於光線不足的第九月台
實在很難拍出 Azusa 車頭特有的 LED 車號，而無奈的必須再等一個小時重拍。

在新宿這偌大的車站內，不論在幾個月台之外的幾條班次最繁忙的通勤線上看著快速進站離站的洶湧人潮，或者在特急列車專用的月台上、在擁擠的人群與車輛進出的過程當中，對於長時間觀看人潮與車潮的反覆性視覺暫留使人在感官上麻痺了意識。如同禪修過程的頓悟一般，我的意識像是刹那之間脫離了車站裡的一切喧鬧，和村上先生一同通過了赫胥黎的知覺之門，發現自己的人生或許就像無盡循環的山手線一樣，不過就是依循著固定的時刻表準時的到站或出站。

真實世界的村上習慣作著長時間而有規律的運動像是慢跑，筆下的多崎作則換成了長距離有著呼吸節奏的游泳，這些日復一日重複的食衣住行事項，我們都被期待準時的執行並且正確的實踐。只是我們有沒有可能像多崎作一樣，藉由李斯特《巡禮之年》的旋律，連結了平行宇宙中沒有顏色屬性的過去、現在與未來的自己？

打年輕以來或許我們在流行排行榜的廣播電視或唱片行中上找到一首首感動自己的曲目，不論音樂的形式為何，每個人心中一定有一段旋律，在人生各階段不由自主的縈繞在腦海當中，當自己的心境恰如其分的與那些音符起了共鳴的當下，我們便會自然而然的哼唱出來！無論多崎作或者我自己也試圖解決這樣的習題，在現實與虛擬的夢境中尋找著自我個性的展現，只是不論是多崎作或者是現實中的村上與我只是來到了世界最大的車站之一，聽著月台的廣播聲、列車出發到站的鈴聲或者藉由看著不斷進出的列車來作為一種新世紀的冥想儀式，然後我們都好像在沒有假設條件的情況下，對那些尚未成形的問題先給出了屬於自己的解答與詮釋，這是個人哲學塑造的過程吧。月台變成了我的教堂我的聖殿，不敢說從這樣的朝聖過程我找到一個足以洞悉人生的回答，但是至少透過車輛小空間了解自己能夠融入世界的極限之後，我明白了自己在每一種人與人之間的結合形式，透過火車找到了自我的解放與終極的救贖。

然而你真的知道我嘗試用文字與第九月台的相片傳遞給你的訊息嗎？你不需要因為給我一個否定的答案而感到羞赧，因為一如我和大多數的朋友讀完了村上先生的書之後一樣，大多時候我自己也無法回答剛剛那個我詢問的問題，於是村上先生繼續出版下一本小說，我持續的在新宿車站第九月台拍照！

如果選擇以顏色來代表個性，你覺得晴空萬里的蔚藍是一種浪漫，但那卻是我一生以來無邊無際的憂鬱！

人生列車臨近終點時你會想起什麼？
◉ 驛路 ◉

「我們從哪裡來？我們是誰？我們往哪裡去？」──高更1897年油畫作品名

《驛路》
日本國民作家松本清張的短篇小說，收錄於1961年出版的同名短篇
小說集中。過去曾四度搬上螢幕，2009年播出的松本清張百歲誕辰
紀念劇《驛路》，則是根據1977年向田邦子改編劇本，同時紀念名
劇作家、小說家向田邦子的八十歲誕辰。自銀行退休的小塚貞一，
獨自離家踏上了旅程，他的妻子於其失聯許久後向警方提出了失蹤
協尋的請求。經調查發現，小塚這一次的旅行似乎別有目的……

我和松本清張短篇小說《驛路》中的呼野刑警有一樣的個性與習慣，從事法律
工作的我，每每遇上毫無頭緒的案件時，就會買張機票和國鐵券帶著相機飛到
日本，然後隨著心情按照當月的時刻表到處拍攝列車。對出生在二戰之後的人
們來說，幾乎退役殆盡的黑色機關車，是國家從戰爭中重生的共同記憶，那是
一個必須拚命努力才能夠活下去的世代。昭和年代末期出生的我，多少還在成
長過程裡感受到自己肩膀上對於工作和家庭的責任，規律的生活像是準確的火
車時刻表一般按表操課，為了暫時忘卻這沉重的枷鎖，我沉浸在火車攝影的過
程，好讓情緒可以從膠著的案件卷宗上抽離出來。

小說中搜尋小塚先生下落的呼野刑警，自他
住家客廳四周掛滿的印象派畫家高更的每一
幅畫作，感受到小塚可能有著與高更相同的
夢想，這股願望強烈到呼野先生無法忽視。
只是小塚每次出遊所沖洗的照片中都沒有
「人」的影像留存，每幀照片只單純的記錄
著拍攝日期地點。隨著線索發現的外遇關係
人慶子的住處也有好幾本相簿，但是和小塚
先生的相簿相反，慶子的相簿一幀風景都沒
有，只有在各個旅館中慶子的個人照而已。
小塚的照片沒有人物，慶子的照片只有自己。

案子偵破的那一刻，那無法完成的拼圖從湖底浮上水面，小塚先生視為至寶並且隨身攜帶的東西只有與慶子每一次旅途中的雙人合照而已，小塚帶著它們走向人生最後的旅途。人生像是一條沉悶的既定軌道，突然有了轉向的可能性可以到達一個未知的終點，就是當你愛上一個人的時候。或者松本清張藉由呼野感嘆著：「不論是誰，都是在臨近終點的驛路上，才想要尋回那些曾經失去過的自由吧！」

「人總是為了後代，犧牲掉自己的一切。而後代又會為他們的後代犧牲，這種荒唐的輪迴永無止盡。如果，人類都要為後代而犧牲，到底要由誰來創造藝術和那些美好的生活呢？」這是高更的話，書中的小塚似乎以高更的晚年生活為目標。青春有限，隨著體力的下降我不再是那個可以背著十公斤的背包、在四國琴平爬上山頂參拜金刀比羅宮的青年，我不想在快要到達人生終點的時候才用剩餘的生命找回自己真正的自由與熱情。如果凡事如高更所說，那到底要由誰來創造藝術和美好的生活呢？

試圖探究自己喜歡火車的理由，或許是因為小學時天天看著阿姨從日本帶回來的鉛筆盒上各式各樣 EF65 牽引的日本寢台列車照片，也或許是由於生長在淡水線的車站旁聽著平交道的警鈴與火車引擎聲響長大所致。據說當我還在襁褓時期，哭鬧時只要抱著我走到鐵道旁，當列車呼嘯而過便會停止哭泣；神奇的是，當我抱著哭泣的外甥站在高鐵月台上，那新穎獨特的橘色列車緩緩進站當下，那個景象也同樣的牢牢吸引住我懷中外甥的目光。

因為喜歡火車，童年開始我習慣性地就對著飛奔而過的列車揮舞雙手，愛上火車這件事在成長的過程中可能不自覺的就這麼植入了潛意識。當我來到日本之後我發現許多人不僅會對著火車揮舞雙手，並且也不知道是從哪裡開始的習慣，他們也同時對著疾駛而過的火車高聲呼喊著：「火車再見！」我不只一次看見那種爺爺帶著孫子或者母親抱著小朋友一同做這個動作的景象。從第一次踏上日本車站的月台開始，每一段的鐵道旅行都有著不同的感動，回顧一站又一站的旅途過程我免不了跟許多前輩一樣也是從一般的新幹線車輛開始欣賞，然後到各地拍攝地區性的觀光列車與貨物車輛，然後終極的迷上拍攝數目最為稀少的蒸氣列車。

目前仍在定期運轉的蒸氣列車全日本還有真岡鐵道與大井川鐵道，而作為季節性的臨時觀光車輛運轉的有 SL 山口號、SL 大沼號和 SL 銀河等等，不論是田間、水邊、站前月台、沿途民家的廚房窗外、平交道或者是學校操場和辦公大樓的窗戶，這些列車所到之處莫不萬人空巷，在列車經過的每一站與每一個可能或者不可能的拍攝景點都聚集著無數鐵道迷的相機腳架與人群，我有幸在大雪紛飛的米原車站月台上在簇擁的人群中拍攝到 SL 北琵琶湖號車頭啟動爆煙的模樣，而搭乘 SL 磐越物語號的那一次旅程卻是我歷年鐵道巡禮當中最為溫暖的體驗。

隨機來日本拍攝火車大多是我手上的案件陷入膠著狀態，心情上不免糾結著種種蛛絲馬跡與腦海中盤算著各種與破案有關的人證物證，我盡量讓心情隨著車窗外快速更迭的景象暫時放空，但總是無法淋漓暢快的享受全程旅途。2010年 6 月我坐著行駛在新潟與會津若松之間的 SL 磐越物語號，所處的車廂幾乎沒有人是坐在自己的位置上全都斜倚窗前拍攝窗外的美景，濃濃的煤氣煙霧從車頭的方向灌入車內，在我深層的過往記憶當中，那是一種很久以前屏東往台北的蒸汽火車經過隧道時才會聞到的味道，那是一個遙遠的嗅覺記憶。

當 SL 磐越物語夾帶著濃煙經過一個不知名的學校操場時，我看著練球的球隊學童與教練停下原本的動作，對著我們一邊揮舞脫下的球帽一邊大聲熱情呼喊時，我情不自禁的舉起雙手也奮力揮舞向他們熱情的用中文喊著：「再見！再見！」剎那間眼眶不知不覺的微微濕潤了。我猛然發覺當下的那一刻除了地點與人物不同之外，我所經歷的場景就是我手中 2010 年款紀念明信片的模樣，這是多麼令人震撼的一刻，這是多麼美麗的一個夏日午后，車內與車外互不相識的人們為著同一輛列車而有了跨越語言的共同互動，我想這就是鐵道迷持續拍攝不同列車並從中找到樂趣與感動的所在吧！

自此之後在我所有拍攝過的鐵道景象中，我最鍾情於拍攝到關於「火車再見」的種種模樣，這樣的習慣我想會一代一代的流傳下去，只要還有火車經過，人們都會揮舞雙手跟車內的旅人相互呼應著：「再見！」

無怨的青春
● 橫道世之介 ●

有多少年輕人曾經躊躇滿志地走出新宿車站迎接嶄新的人生，又有多少失意的人
連行囊都來不及收拾就帶著一顆破碎的心默默的回到家鄉。

《橫道世之介》

吉田修一的小說。一個像向日葵一樣的陽光大一新生，故事都發生在1988年入學的第一年他留給周遭人的記憶片段，有對同學的義氣、有純純的戀情，也有莫名的執著，彼此短暫的交會便各自離開，如果把這些回憶拼湊起來，就是他率直精采的人生縮影。

誰在大一的通識課坐在你的旁邊？誰跟你一起混活動中心的社團辦公室、在留言本上一句一句的閱讀著其他朋友的心情？多年以後我們常常在某個時點，原本快速運轉的腦額葉活動突然斷電短路，心頭猛然浮現一些身影一些臉孔，那些刻意回想也無法在腦中清晰回憶的友人面容，往往在一段熟悉的廣播旋律、在一個似曾相識的場景或對話當中，人生中某些溫暖而愉悅的時刻就突然具體鮮明了起來。

我按照橫道世之介來東京參加大學聯考走過的步伐，從歌舞伎町沿著西武新宿線的鐵道一直走到高田馬場，試圖回想著屬於我自己的1988，我大一那一年所作過的事情、上過的課程與參加過的社團，我不知道當時身邊與我擦肩而過的人對我的記憶為何，因為那些人事物對我來說已然遙不可及。

在吉田修一的觀念中，年輕人就是要搭著電車帶泳圈跟蛙鏡去海邊游泳！對我而言搭電車不是年輕人的專利，中年大叔一樣搭著電車到江之島的海邊踏浪，鐵道宅男在進入不惑之年時同樣會循著世之介走過的路線，從赤阪走到新宿再從新宿東口走到新大久保跟高田馬場，希望藉此來體會自己曾經有過的青春歲月，沒有人知道人生這條路究竟會在哪裡轉彎。特別是失戀的當下，我們常常會想如果沒有遇見對方的自己，那些接下來的人生是否將會有所不同。然而每個人的命運其實又多多少少都存在著某種共同的喜怒哀樂的公式，只是當下我們無法體會。

大一那時候的儂特利早就消失在歌舞伎町巷前，多年以後當你回想起當時我跟你的這一段戀情，在你的記憶裡我會是什麼模樣呢？

2013年冬季的鐵道取材旅途中，我好整以暇的在飯店享受簡單豐盛的早餐，電視新聞播出JR新大久保車站月台事件的週年報導！這個冬季日韓兩國正在為竹島／獨島領土相互激烈衝突著，但是當天的電視新聞與報紙頭版卻是共同中性的報導當年二位青年在新大久保站跳下月台，搭救一位在電車進站前跌落鐵軌上的醉漢而不幸犧牲的精神，韓國殉難者的父母重溫事故地點獻上花束後對記者表達，不論是日本人或韓國人，他們都希望兩國人民藉著這二位英勇的日韓人士這種單純秉持友好互助的精神，不要再有爭執或衝突。

看著這則新聞事件使我想起了一本剛閱讀完畢的小說結局，剎那間我忽然明白「橫道世之介」這個故事並不單單只是作者吉田修一自己虛構、有如《東京灣景》、《公園生活》等療癒型的愛情故事，這不僅僅是一個大學生的初戀、或者僅僅是圍繞著世之介身邊的一段段友誼，這裡面有著吉田先生希望藉由書中改編的情節來傳達的和平訊息。我們身邊都有著像橫道世之介一般的朋友，雖然我們不知道此時此刻這些人際關係之於我們未來將帶來何種影響，但是或許我們可以把每一段相遇都處理得溫柔一些，誠摯的對待我們周遭的人事物，因為橫道世之介或許是他們，橫道世之介也就是我們自己。同樣走向西武新宿站

的我不禁在想，我也會藉由參加怎樣的社團來試圖改變自己嗎？是不是一定得趁年輕的時候跳跳舞，不然腳步一旦停了下來就真的會往另一個世界走去而沒有回頭的機會呢？

年過不惑的我不會跳舞，年輕的時候也沒去過舞廳，但是今日在看完新聞後我決定再一次來到西武新宿車站，我站在高田馬場的月台上吹著夜風看著月台上行色匆匆的人們，如果小說是作者幻想出來的創作，新聞是真實事件的逐字報導，那麼以真實事件改編的小說是不是就是作者心裡關於那個更美好的世界的投射呢？我心中浮現青春時期一些朋友們的微笑，和當時活動中心管樂團裡排練的點點滴滴，似乎回想起在 1988 年大一新生入學和同學騎著單車在椰林大道上享受微風吹拂的感覺，那的確是一段美好的青春、一段美好的年華！我不知道當時的同學現下過得如何，但在動筆的當下突然想起他們在我的年少時期所注入的快樂與活力，也希望當他們回想起大一時光的時刻，我之於他們亦如他們之於我的懷念與感謝。

路長情更長

● 路 ●

台灣人進到東京車站第一次看到各式各樣型態各異的新幹線感到驚奇，而日本人卻反而認為
台灣為日本人保存了過去那個美好時代的一切！

鐵道王國千里紀行

《路》

日本作家吉田修一的小說。311震災之後吉田為了感謝台灣的
援助,藉由日本新幹線為橋梁,將日本高速鐵道技術輸出的過
程為骨幹,描繪一個戰前戰後二代日本人與台灣人民之間濃厚
情誼的故事。

日本盤根錯節的綿密鐵道網路與來往車輛之多樣化堪稱世界之最,1872年明
治維新時代鋪設了第一段的鐵軌,位於現今山手線新橋站出口東側300公尺
處,這個0哩界標是開啟日本鐵道史的里程碑,是之後一百多年來各種列車行
駛到日本各個角落的軌道原點,一如同本書第7頁使用鑲嵌在東京車站第21
號月台上的東北新幹線0公里起點,來象徵本書文學鐵道之旅行的起點一樣。

首都東京總站中每一個月台的增設,都代表了各個階段的鐵道發展,最初服務
東京都會區與近郊的三條路線:中央線、山手線與京濱東北線,都有屬於自己
的0哩界標,象徵每一條篳路藍縷的鐵道開墾過程。整座東京車站一共有九個
0哩界標,就像藏寶盒一樣,讓鐵道迷在車站角落一一的去發掘、紀錄與攝影
留念。我們從電影《ALWAYS幸福的三丁目》的情節中可以看到二次世界大
戰之後大規模從全日本各地湧往東京求職就業的青年潮,從中國東北與台灣復
員的軍人與眷屬在博多下船之後,也是輾轉藉由鐵道一途返回東京;東京車站
不僅是無數旅人的人生起點,也是現代鐵道的原點,1435公釐的標準軌距一
段一段的從這裡打下地基鋪上鐵軌,向四面八方不斷延伸。

1964年為了因應東京奧運的龐大觀光人潮,日本國鐵開發了全世界第一條商
業營運的高速鐵路系統,號稱夢之超特急的「0系新幹線」成為劃時代的開路
先鋒,自此服役四十四年,直到2008年11月30日為止。時光荏苒,前後一共
生產3216輛的0系新幹線,見證了一個鐵道時代,但也隨著科技發展逐漸凋

零，在逐批除籍廢車之後只有少數的0系車輛被全國各地的鐵道主題公園與鐵道博物館保存著。除了在大阪交通博物館、大宮鐵道博物館之外，其中一輛仍然保持著像是第一天出廠行駛般的外貌，完好的保存在英國約克郡大英鐵道博物館作為靜態展示。

最後一輛保有車籍並且仍然在鐵軌上行駛的0系新幹線，在1997年的高鐵BOT案由台灣高鐵聯盟確定得標之後，與日立製作所、川崎重工偕同JR東海與JR西日本共同開發的700T型新幹線車輛，一起飄洋過海到了台灣，1435公釐的鐵路軌距繼續延伸在這座美麗的島嶼，於是一併帶來了相關的軟硬體技術人員，與負責交接學習的台灣團隊共同建造另一條鐵路。在311東北震災與海嘯肆虐之後，作家吉田修一希望藉由這條有形鐵路背後的人事物，重新架構起二戰結束之後一條心靈療癒的道路，並希望藉此對日本災民與重建貢獻最大的台灣人致上謝忱。

我有一段時間搭乘台灣高鐵通勤，快速地往返於台北與新竹之間。住在竹北一年多卻直到為了收錄吉田先生的這個故事需要拍攝0系新幹線時，才發現除了名古屋的JR東海博物館有一輛復元原貌的0系車輛之外，從竹北六家基地的運輸支線終點軌道上和高鐵五路延伸過去的堤防上頭，可以看到在陽光下靜靜等待最後一台現役的0系花魁車頭。

除了有一年交大鐵道營曾至六家基地內近距離參觀過她之外，即使是新幹線通車五十周年的今天，一般鐵道迷只得在竹北基地之外四處尋找著合適的拍攝地點與角度，經由許多鐵道迷在相關討論區提供的資訊，我也才在這個炎熱的夏日午後終於一窺這台車頭完好的0系車輛蹤影。從日本名古屋JR東海博物館追到台灣竹北六家，這就是我自己關於0系新幹線的軌跡，也是我目前鐵道文學書寫思緒的原點。在這條特殊的神遊軌道上我找到了書寫的主軸，於是一氣呵成的在過去四個月內把四年來遲遲無法定稿的遊記一篇篇的重新潤飾完成。

鐵道旅行從來沒有終點，《銀河鐵道999》從安德魯美達星雲仍舊可以往無窮盡的宇宙盡頭行駛，只要有路，就一定有希望。我把十年來的日本鐵道風景呈現在你們眼前，我想應該是時候換你們買票上車了！

凡事皆有過去、現在與未來
●東京文學寫真之旅●

「只要三張優秀的照片，再搭配一個好的題目，就可以完整呈現人們的概念、感情和某種象徵的意義。」
——小林紀晴的東京工藝短大相片剪輯課筆記

《東京文學寫真之旅》

出身長野縣的寫真作家小林紀晴，追隨前輩作家腳步回到昔日東京的旅行，斷斷續續地花了兩年的時間感受作家們當年的容貌、感情及聲音，並重新閱讀這些作家的作品，回憶當年初次閱讀該位作家作品時的往事。以作家為單篇主題，散文寫作旅行時的所思所感。

「三張相片」的由來是太宰治名作《人間失格》中半自傳故事的起源，太宰治嘗試以三張相片來回顧自己的人生：「我曾經看過那三張照片，第一張是幼年時，是他十歲前後一張笑得很醜的照片；第二張是高中或大學，是位俊俏得令人害怕的學生；第三張照片最奇怪，我生平從未看過長得這麼怪異的男子，我努力想像那種一次也沒看過的怪異長相究竟是張什麼樣的臉龐。」

這段話讓小林紀晴在東京工藝短大攝影系上完影片剪輯課時決定去三鷹看看。搭乘中央線到了三鷹之後，眼前太宰治自殺現場的景象因為水流太淺太過於緩慢，實在不太像是一個大文豪結束自己生命的地方。但是小林強調：「我是去旅行，但不是去某地旅行，而是用旅行來尋訪作家們曾經走過的腳步。」作家在作品中所留下來的言語會激發旅人出發的勇氣，而年輕人真正需要的東西不多，不是金錢也不是名聲或地位，因為它們不易輕鬆取得，也無法安慰或紓解年輕燥熱的危險心靈。唯有作家的言語，這些文字會成為年輕旅人精神中極度渴求的糧食，因為這些言語是淬煉自某人身體的人生精華，對於不同的人的確可以發揮某種治療與啟蒙的力量。

年輕的小林還沒來到東京時便相信了這些言語，尤其是寺山修司在《離家出走》一書中那種「男人必須出走」的旅行模式，就是「地方上的年輕人都應該離開家，然後用力賭上塑造獨特自我的決心」，而使得高中時期的他被這些強有力的話徹底說服，更加深了非去東京不可的想法。也因此後來到東京求學後

便開始了這種與作家神遊模式的旅行，體會到每一次列車出發之後，漸行漸遠的不是火車本身，而是過去的自己。年輕的自己站在月台上目送著自己出發遠行去體會作家曾經走過的道路，想像作家們的丰采，讓思緒穿越時空，然後他們的作品所處的空間便會在心中逐漸變得清晰可見。

攝影人不僅需要語言，也需要試圖去建構畫面。因為修習攝影的緣故，小林必須學習遠景、中景、近景所代表的各種意象，他對這三種取景方式的詮釋是分別相應的代表了「過去、現在與未來」。因此只要在時間和空間上具備這三個元素，就可以用三張照片來表現一切意念。因此他認為太宰治的語言完全符合攝影學校教導的概念，使得他的文字不僅僅只是文字，更是一種讓閱讀的人心中充滿了對畫面的想像的語言，因為透過三張照片就可以傳達出一個人對某個世界的角落詮釋的意義與概念。這讓小林內心中萌生專屬於他自己的旅行意義，在他攝影生涯的初期選擇了鐵道攝影，專注在國鐵時期就廢線的無人車站

做為攝影取材的主題，而在這些鐵道取材的旅行途中，小林不斷的思索著「三張照片」的概念。

我也思考了相同的問題，所以嘗試把每一個曾經閱讀過或觀賞過的作品中所提到的場景用相片記錄下來，在這篇文章中我使用了小林實驗性作品《東京文學寫真之旅》當中的畫面概念，就是同時呈現荒蕪的背景與充滿未來希望的年輕人來當作對比。荒蕪的背景是過去文豪的足跡，對照前途璀璨一切蓄勢待發的年輕面容，我在長野的這一刻對於該如何完成自己的這一本書終於有了「用鐵道追逐文學，用文學映像化鐵道」的構思，讓鐵道與人用這樣的概念彼此結合起來！或許將來有機會的話，讓我們以小林紀晴的方式相互交換關於彼此的三張相片吧。你準備好了嗎？

少年，你還在徬徨嗎？還是你已經
清楚明白自己人生的方向？

勵志與療癒線 Self Reflection Line

太陽依舊升起

●遲開的向日葵●

「黑夜終將過去，黎明必定到來。」──《芭比的盛宴》

鐵道王國千里紀行

《遲開的向日葵》

找不到人生方向的年輕人們，基於不同的理由在四國高
知相遇，面對人生各有自己的疑問、自暴自棄與軟弱。
在遠離都市的喧囂一切都安靜下來的大環境當中，人與
人之間彼此的關係隨著時間推移而緊密結合，終於各自
找到自己的定位，整裝出發。

冬季的清晨天空仍然一片漆黑，高氣壓氣候下的夜空沒有一絲雲朵，寢台
Sunrise 高松宛如披星戴月一般，在天亮之前在岡山站進行車廂解連的作業，
之後二列車輛將各自往不同的方向繼續前進。這不是我第一次在瀨戶大橋上看
見日出，但這是我第一次深入四國的鄉間區域，從岡山開始的第二段車程，長
達三個小時才穿越了四國島的中央山區，鐵道沿著清澈的吉野川緩緩往高知前
進。

清晨六點到現在，已經在車上搖晃了三個多小時，列車似乎在大小步危峽谷中
的峭壁懸崖找不到出口而無窮無盡地在山中盤旋，僅有我一人的車廂，產生了
一點幽閉空間的焦躁。直到抵達四國南部的大站高知，我從車窗看到高知站前
那三尊巨像的背影時，心想某種程度上已經進入了電視劇《遲開的向日葵》的
場景，這時心情才開始放鬆了起來。第三段旅程從這裡才要開始，我最終的目
的地還沒抵達，第三段的轉乘列車從高知出發，還要一個多小時才能抵達傳說
中日本最清澈並且在五月天會飄滿鯉魚旗的四萬十川。

我看著車窗外矗立在站前的坂本龍馬雕像，預計大概要下午四點才會在回程時
來到這裡換車而結束今天的拍攝行程。當然事後回想當時的我或許在抵達高知
之後過於鬆懈，而未警覺到自己在這接下來的旅程中即將犯下的大錯，等我發
現眼前的沉下橋不是生田斗真跳下去的那座「佐田沉下橋」時，已經是一個半
小時之後的事情了。

沒有鯉魚旗，也錯過了汛期，但是天空一樣湛藍，四萬十川的河流依然清徹見底！

當我自以為瀟灑的在窪川下車之後，在空無一人的車站房舍內看著觀光地圖，以生硬的日語詢問在這年假當中只有一人守站的站長關於沉下橋的位置時，他緩慢的告訴我這邊的確有沉下橋，但是最大那一座不是在這裡，他寫出漢字「中村駅」的那一刻，我盤算現在是正午時分，不會有快速的列車停靠，即便是搭乘普通車慢慢晃過去等完成佐田橋的取景，只怕回到高知時已經日落西山，而無法完好的在日光中拍攝到劇中最常出現的雕像正面景象時，我心中瞬間湧起劇中男主角小平丈太郎那種不知所措，只好到遠方自我放逐的心情。

當站長知道我遠從東京搭乘夜行寢台列車風塵僕僕而來，如果最後以下錯車站收場似乎會盡掃遊興，熱情的站長於是幫我用無線電叫了一台白牌的出租計程車，並和司機一同商量著我目前這無列車通過的尷尬情況。司機大叔問我只要是沉下橋就可以的話，他指著地圖上同樣在四萬十川上離窪川車站還算近的其中一座，提議既然已經來到這裡那麼願不願意去看看沉下橋的模樣。

我看著眼前四萬十購物中心與四萬十町圖書館的方向指示牌，放棄了在天下茶屋的讚岐烏龍麵用餐的選項而同意站長與司機的建議，既然已經誤把馮京當馬涼，那麼我就看看窪川站這一段的四萬十川將會有如何的景致！四國雖然是地處本州島南方的最大島嶼，但是當司機問我台灣最近在播放什麼樣的日本節目時，我告訴他我前天才離開岩手縣海女小天的故鄉。關於前天晚上紅白歌唱大賽中，能年玲奈與橋本愛一同和全劇老少演員共同合唱的種種話題，一下子暖和了攝氏２度的天候。

到了站長與司機建議的地點之後，司機向我解釋五月才是汛期，而那時候眼前的橋梁就會整座沒入水中，因此四萬十市的居民才會統稱這些只在冬季通行的橋梁叫做「沉下橋」。這一段水道已經遠遠的沒了都市的喧囂，也沒有一丁點的汙染而清澈見底；當然，也因為沒有名氣的緣故，此時河岸邊只有我和一旁等待的司機大叔。我因為自己的疏忽或許無法和其他旅人分享佐田沉下橋的光景，但是至少我獨享了這一段河川的景致與水流，劇中那幾位三十而立無所

適從的主角們遺世獨立的心情也油然而生。回程我在晴空萬里下站在坂本龍馬的雕像前，不曉得他遠眺著的是桂濱的海灘還是明治維新之後日本的未來？回到月台上麵包超人對今天失誤連連的我，無聲的投以一個語意深長地微笑，我的向日葵，下一輪再開！

御宅鐵線
Railway Fan Line

鐵道的終點，約定的地方

夢的延續
● 銀河鐵道999 ●

在廣大無垠的銀河當中流下的每一滴眼淚，都將化作點點星塵！

鐵道王國千里紀行

《銀河鐵道999》

日本漫畫家松本零士的經典鉅著，曾改編成電視與劇場版動畫，以及廣播劇、舞台劇。未來世界銀河系各星球間由銀河鐵道上行駛的列車所連結。男主角星野鐵郎因為母親遭機械化人類殺害，於是企圖前往傳說中可以免費取得機械身體的星球，而與謎樣美女梅特爾一同搭上銀河超急特快999號列車……

成長在1970年代的鐵道迷是幸福的，伴隨著科技的發展，我們漸次見證了鐵道技術的進程，從噴著黑煙的蒸汽火車到時速超過三百公里的新幹線，日本各式各樣的列車都可以找到自己心情投射的樣本。

松本零士的鉅作《銀河鐵道999》，這輛由C62型蒸汽機關車頭所牽引，從地球一路奔向仙女座安德魯美達星球的特急999的列車樣貌，我想這是大多數鐵道迷心中的第一部夢幻列車。

松本零士1938年出生於福岡，1956年高中畢業後立志要當個漫畫家，並在那年秋天離開故鄉前往東京學習畫漫畫。為了成就自己的夢想，不惜抵押房子籌措去東京的旅費。離家的列車從小倉開出之後沒多久就已經日落黃昏，而列車也隨之進入地底下的關門海峽，此時，松本發現在他座位前方坐著一位女性，在列車一路行駛到岩國站之前，他一直注意著這位女性若有所思的望向窗外夜幕低垂的模樣。這是一趟長達22小時往東京的夜行列車，對於1950年代戰後正值百廢待舉的大環境來說，為了理想拋下父母、離開熟悉的環境與朋友從北九州往一個遙遠的城市東京前進，這種旅程就幾乎是對故鄉永遠的告別了！

當時的夜行列車在物資缺乏、鐵道沿線鮮少有人工照明設備的情況下，列車在一片黑暗中行駛，車窗外的星星彷彿伸手可及，偶爾還可以看到流星飛落，旅人耳中唯一的聲響便是蒸氣列車轟隆的引擎聲，霎那間讓年輕的松本零士產生

了一種列車正往銀河天際開上去的錯覺。而前座的神秘絕世美女與當下在眾星低垂的夜色中飛馳的蒸氣列車，形成一種特殊氛圍，這讓松本日後在畫風與筆觸成熟之後，利用鐵道這個與日本人的生活緊密結合的依附記憶，以及自古以來人類對於浩瀚宇宙無垠的幻想，自 1977 年開始，松本把當初離開故鄉的那一夜人生轉捩點的遙遠記憶，結合了天文、考古、武器發展史與軍事史的研究，創作出一生中最出色的一部作品《銀河鐵道 999》。

《銀河鐵道999》旅程中每一顆星球就是一座車站,每一站描述的故事都充滿著深刻的人文哲學反省。漫畫版從地球一直到終點站仙女座安德魯美達星雲一共有91站,松本藉由星野鐵郎在每一個星球上所遇見的人事物,讓自己與眼前的世界在跨越銀河的火車之旅中不斷地相互對話:是不是人類擁有了永恆的生命就不會再有肉體上的痛苦?當你有機會獲得永恆生命的同時是否願意放棄你的靈魂?追求永恆的生命與維護靈魂的自由這是整個旅程當中不斷思考的二

個問題。

在宇宙中的各星球也有著不同形式的「階級歧視」、「貧富差距」、「理性科學與自然學派的對立」、「高科技化後的物種大滅絕」等主題。與其說這是一部給現代小朋友觀賞的新版「安徒生童話」，倒不如說《銀河鐵道999》是一部在二十世紀末給成人觀賞的「宇宙版伊索寓言」，星野鐵郎在旅程中都做出了從少年成長為成年人的關鍵決定與價值觀的選擇。

「銀河的神秘性」與「懷舊的蒸汽火車」這二個重要元素構成一段完美的鐵道旅行。人類對於不可測的外太空早在埃及時代對於天狼星的迷戀就已經開始，而「冒險」是鐵道旅行當中第一個引人入勝的部分，自古以來冒險的基因從來沒有在人類的遺傳序列當中消失，因此一個又一個的傳奇藉由軌道把另一頭的風景回傳過來，平行無盡頭的軌道把我們的幻想無邊無際的從地球開到了宇宙的盡頭，在旅途當中我們都跟鐵郎一樣，思考著自己每一趟鐵道旅行的目的，那些我們亟於想要擺脫的過去以及那些我們努力追求的未來，每一個人的行李箱當中都藏著自己的秘密。

當蒸汽火車離開各個星球的時候，銀河鐵道的軌道乃是逐漸墊高向天空穿梭而去，就像飛機跑道一樣當列車加速到一定的速度時便改為宇宙飛航模式。2013年我初逢日本百年不遇的大風雪，當時在北海道的第一條鐵道小樽車站附近，於明治時期留下的舊手宮線遺址看到了以皚皚白雪堆砌而成、象徵準備讓銀河列車鐵道向天空奔馳而去的雪季鐵軌造景，這座以雪砌成的小車站標上了獵戶座與北斗七星，象徵這是一座供銀河鐵道列車停靠的中繼站，於是我另外合併了在米原的雪景中行駛的C56北琵琶湖號，傳達星野鐵郎與梅特爾一同搭上銀河鐵道999的場景。像是朝聖一樣我開始往每一齣日劇、電影、小說或散文中提到的列車場景尋奇，撰寫一篇又一篇關於鐵道與人相互交會的故事，於是有了這本文學鐵道遊記。

「在宇宙中如果只有一個人流浪，就彷彿
孤獨的慢慢邁向死亡一般。宇宙中無限閃
爍的星群就是這些孤獨冒險的勇者死後流
出的淚水結晶，只是悲傷的淚水何其之
多，而不被聽見的嘆息更是不勝其數！」
——梅特爾，出自《銀河鐵道999》

旅程中的祝福
●不思議幸福列車●

自古美人歎遲暮，不許英雄見白頭。

《不思議幸福列車》

五個在現實生活走投無路的人在午夜零時的大阪搭上一班神秘列車，終點站不明、行車時間不明，回程車票沒有有效期間限制，可以無限延長，可以留在終點站不再離開，也可以在找到了人生下一個階段的方向後才使用回程車票。

在蒸氣機關車發展的末期，由於二次世界大戰的影響導致煤礦產量下降，同時也發現了既有產煤的劣質化，因此三菱、東芝、日立與川崎等大型車輛廠，以因應戰爭時期運輸大宗物資的EF13機關車為基礎，在戰爭結束後1946年的「車輛整備與電氣化五年計畫」中，設計出EF58機關車系列來因應戰後大量的運輸任務，並且藉以逐漸取代老舊的蒸汽機關車牽引車頭，而EF13的前身，也就是日本第一代的電力機關車，便是現今停放在九州鐵道博物館前的EF10系列車頭。

EF10-13-58這一系列的車頭大多使用日本國鐵色表上的葡萄色二號作為外觀塗裝，一般鐵道迷則暱稱另外一種深褐色塗裝為茶釜色，與銀釜機關車並稱為現在最珍貴稀少的牽引車頭。EF58在鐵道發展史上的最高榮耀是供作日本皇室御召列車，全盛時期擔當了各地區的特急車輛與寢台列車的定期運用。1970年代末期開始報廢，現今實體車輛只保存了三輛，分別在東京綜合車輛所中的御召車輛保管庫、埼玉縣大宮鐵道博物館、與名古屋東海博物館供作室內展出，還有一輛則以室外展出的方式放置在群馬縣橫川車站旁的碓冰峠鐵道文化村。

除了一般的乘客或者貨物運輸之外，EF58-157號機關車分別在2006、2007年登上大銀幕，自己成為了電影的主角，導演原田昌樹的作品《不思議幸福列車》就以這輛車訴說一個自我重生的療癒故事：一輛每逢偶數月的第三個週五

午夜零時，從大阪站出發但是終點站不明的神秘列車物語。

什麼樣的人會搭上不知道終點站為何處的列車？而現實生活當中在既有的假期時間與金錢預算等等限制之下，如果現在開始販賣這樣的返程無盡期車票，你是否有勇氣踏上這種午夜零時啟程的旅途任由EF58帶你出走？日本最長行走區間的單一列車，是大阪至札幌跨越本州島約1500公里的日暮寢台特急Twilight Express，如果不誤點的話這趟旅程會花上22個小時，在列車上讓你從關西地區一路流浪到北海道，但是對於流浪一事的本質來說，這樣的豪華夜行寢台車輛似乎與已然遲暮的EF58產生種種格格不入之處。因此導演與編劇嘗試著要藉由電影與EF58達到什麼樣的目的呢？這樣一台懷舊的昭和時代列車代表的意義對你是自我放逐還是尋找過往的美好？昭和時代當中，在建築外觀、在社區人文關懷上的確存在著某種特別的格局與氛圍，在某些遠離都會區的鄉間或多或少都能夠找到那個時代遺留下來的氣息，只是我思索著是怎麼樣的心情催促著旅人去尋找著這樣的氣息，而這樣的氣息對於活在現代的人來說又具有什麼樣的功能呢？

這是一連串無窮迴旋的自我問答，我即將到達雲門流浪者計畫申請年齡的上限了，在撰寫流浪計畫的同時我正是在心裡思考著這樣的問題。看完電影之前我的答案和觀賞之後有顯著的不同，那樣的差距或許就是理想與現實的距離：我的計劃夢幻的有點不切實際，我將會遇到的殘酷現實又是何等令人扼腕！

但是就像我第一次在北海道旭川車站月台看到一輛陌生列車駛進車站之後，在幾秒的時間內決定閉上眼睛跳上前往鄂霍次克海的瞬間一樣，十年之後就結果來說我想我是肯定「每個人都需要毫無目的地盡情流浪一次」的這種想法，一位鋼琴演奏家朋友在我即將外派國外前，送給我一張卡片：「世界是男人的舞台，而流浪是男人的宿命！」是的，有時候對於某些鐵道旅人來說，鐵道旅行就是一種流浪，直到軌道的盡頭。

如果還有前往烏托邦的車票，你要留在這喧囂的塵世，還是回去夢中的桃花源？

跨越時空的列車

● 旅行的贈禮：航向明天 ●

「人面不知何處去，桃花依舊笑春風。」──《題都城南莊》，崔護

不思議幸福列車2《旅行的贈禮：航向明天》
有些列車乘載過往的記憶，有些列車將你載往未來。北
陸地區傳奇國鐵色列車雷鳥連結了二十五年的時空，幫
男女主角留下初戀的回憶，幫未曾與父親謀面的女兒在
出嫁前默默地完成心願，絕跡的485系列車繼續航向幸
福的明天！

2011年3月12日掛有「雷鳥」車牌的特急車輛正式退出定期運行，統一由
Thunderbird的車輛繼續擔任大阪經由湖西線與北陸地區的客運運輸，這輛取
名自棲息在終點站富山縣高山地帶的雷鳥特急列車，乃是以國鐵色489系車輛
當作牽引車頭。繼EF58之後，489系雷鳥成為了鐵道電影《不思議幸福列車》
第二集《旅行的贈禮：航向明天》的主角，並用以作為這個形式車輛對鐵道舞
台的公開告別之作。暱稱為「電鍋頭」的489系車輛在用做夜行寢台運用的「急
行能登」，就是這一款車輛最後的固定動態使用，而靜態的車輛展示在大宮博
物館與九州鐵道博物館各存放一台外觀類似的車頭，讓未能趕上國鐵時代的下
一代鐵道迷，得以目睹這款以昭和特急Kodama電車為原型的車輛風采。

寒冬清晨在高壓壟罩下的晴空萬里中，搭乘新一代雷鳥到了福井進行這次取材
的最後一個景點，隨著越前鐵道的短編列車緩緩地穿越阡陌縱橫的田原之後就
到達了終點站三國港，一個保有濃濃舊時風情的古越前加賀國地域。走進車站
上方的坡道彷彿走進一條時空小徑，許多幾乎不曾更新的古老木屋，在門口或
窗前就著暖暖冬陽鋪滿了等待風乾的各式漁獲。

在非假日的早晨造訪小鎮巷弄，街道上空無人影，天空中盤旋著等待入港卸載
魚貨伺機分食的海鳥，不若繁華的函館朝市或者東京都內清晨的築地市場的喧
囂吵雜，三國港四周俯拾皆是的思古幽情讓這個社區有著別於其他靠海地區的
靜謐，這樣的氣氛對於戀人來說的確是個立下盟約的好地方。我走在交錯於老

屋之間的小路上，思考著戀人彼此對於
「等待的極限」到底能堅持到什麼樣的
程度。初戀的衝擊通常像突如其來的海
浪一般，恣意地拍打著年輕人稚嫩的心
境，波濤洶湧而心慌意亂。每一個人是
否都有能力與戲曲中描述的王寶釧苦守
寒窯做出一樣的堅持？

能夠在自己的心底無怨無悔等待情人的
人，始終是每個人夢想中最佳情人的典
範，換作是我，還真不能想像在夜幕低
垂的月台上送走情人之後再無訊息近三
十年的情況下，自己還能夠對這一段關
係持守著與青春正盛時所立下一樣的承
諾。雷鳥畢竟不是帶來幸福的青鳥，那
是一種能夠在嚴寒的立山連峰當中堅忍

海風吹得散潮濕的思念，但是吹不斷注定相戀廝守
終身的堅持。有一種戀情柔軟而堅韌，並非輕易能
夠割捨，在這古樸的漁村中，我竟然透過曝曬的魷
魚體會到了人生況味！

存活的鳥類，因此若想在雷鳥列車上立下盟約似乎就要有相當的心理準備，來經營一段坎坷且遙遠的淒苦戀情。做為北陸地區的大站，在這裡常常可以看到相同型式、分別從名古屋與大阪駛來福井的681/683系列車進站，只是要等到哪一班列車的到來才能和心中掛念身處遠方的人兒交會？這是一種只能交由命運決定的問題，或許眾裡尋他千百度，驀然回首之後，那人正在燈火闌珊處。

對於某些稀少的列車拍攝工作有時就是這般的奇妙，當於時刻表中計算再三的時刻到達時，遍尋車站卻不見列車蹤影，而在無心不經意地當下，或者它就在某個不預期的區段中出現或好整以暇的在月台上靜候著你的到來。在E6新幹線尚未出現在時刻表上的試營運期間，我曾經毫無預期的在仙台遇上尚未繪上車輛側標的秋田新幹線的最新車種，而在一年後另一次的取材旅程中，從長野開出的舊國鐵快速妙高號到晚上從新潟駛回東京新宿的越後月光夜行列車，一路上就像是彼此相互約定似的，我竟然在一天之內在橫跨三個不同縣境的三輛不同列車上與一位鐵道迷並肩同行。

我打從心底開始嘗試把生命中幾項無法受自身控制的議題慢慢交給命運，而成為一個鐵道旅行的宿命論者，只使用國鐵券任由列車帶我走到天涯海角，我相信在某個月台或者某輛列車上我應當就會遇上宿命的交會，而這樣的交會就是鐵道旅行最好的贈禮。

轟隆隆遠去的人生
● 鐵道員 ●

鐵道員準時的送每一個列車上的乘客到站,但是他們卻在自己的人生軌道上一再誤點。

《鐵道員》

鐵道員佐藤乙松一生忠於在鐵道工作卻虧欠了妻女，在臨終前的除夕夜大雪中他看見前來慰藉陪伴的女兒幻影；任職東京大型商社的筒井肇卻選擇在母親晚年回到家鄉擔任地方私鐵的駕駛，以便天天能經過母親病房窗前陪伴母親走完人生最後一段旅途；鐵道員滝島徹創下一生全勤無事故的紀錄，在前半生虧欠了家庭之後，退休之前決定尊重妻子二度就業的心願，在最後一趟駕駛路程上接受了來自鐵道周圍四面八方的祝福……

淺田次郎的短篇小說《鐵道員》中的男主角佐藤乙松，是從蒸氣機關車時代加入國鐵的鏟煤工，在開始擔任站務員之前只學會了駕駛初期柴油氣動車，自入行即堅守崗位，直到屆退前倒臥在大雪覆蓋的月台上。去年辭世的日本老牌演員高倉健，令人動容地重現那盡責而孤獨的「鐵道員」身影。

電影版《鐵道員》中，乙松站長勤務的場景「幌舞站」，是在經改造的JR北海道根室本線幾寅站所取景。我曾在幾寅站拍下很多劇照，但是炎炎夏日拍不出在無窮無盡的孤獨中那種一夫當關的磅礴氣勢；有雪時除了站前那輛已充當電影散場後成為紀念物的半截車頭之外，所有協助站務員指揮所用的小道具我想也該齊備，或許就以這樣的方式來試圖拼湊出一個木造小站中服役終老的鐵道員形象吧！以一個電影場務的身分，我分別在八戶拼湊出了電影中國鐵朱紅色的電車，在青森縣蟹田站在暴雪中找到冬季站務員的黑色大衣，在新花卷新幹線月台上看見了導引列車進站方向的信號燈，如此一來道具與演員都齊全了，這樣或許多少能夠在腦海裡搭重建一座在電影中，那個早夭的女兒在除夕夜來訪的車站舞台。

我從滝川沿著根室本線隨著慢車來到了降為無人管理的幾寅車站，從月台上走下台階進入這個木造小站，來到售票窗口拿的不是車票，而是一疊放置在櫃台

「無論發生什麼狀況，鐵道員只能猛力踩下鳴笛代表悲傷。」──高倉健（1931-2014），出自《鐵道員》

上用最簡單的設計排版所製作關於十五年前導演降旗康男率領劇組如何用這裡的一景一物，製作出在鐵道王國內足以成為傳世電影《鐵道員》的過程。站外的理髮廳、小食堂，站內早期用來營運的工具與陳設，連同站外已經斑駁的電車，只要眼前所有的一切換成那個暴雪的季節，或者拿起信號旗，或許高舉著雙手搖起信號燈，這時心中如果按照劇本念出某個場景的台詞，在這個當下你就是高倉健，就是幌舞站的站長佐藤乙松。

一樣站在佐藤等候列車的位置、坐在售票窗後的暖爐前沉思著，在這種無人車站中你自己就是站長，你可以天馬行空編織自己的故事，讓眼前的現實與心中的幻想有了交集。在無人站裡可以跨越時間與空間，當然這一切都只是我的想像，藉由火車旅行，藉由在交錯的軌道當中，在這一路顛簸的搖晃裡，我們思考著下一站並重新定位自己的人生。我們都可能和高倉健一樣，在旁人認為最愚蠢的事情上選擇用生命堅持到底。

再遠的旅途也有終點，再長的軌道也有盡頭，列車會除役，而鐵道員也有退休的一天。

劇組離開已經十五年之久，站前的理髮室與食堂早已歇業，曾經看過一位鐵道名家的部落格、至今台灣或許也只有那一張朱紅國鐵色 Kiha40-777 在季節正確的大雪中緩緩駛入幾寅站的畫面紀錄，利用殘存的舞台讓這位鐵道界的名攝影師留下著實令人驚艷的仿真劇照，這除了要有著對列車運用資訊嫻熟的掌握，另外對於長時間在酷寒下的班次間距等候也需要極大的熱情，才能在冬季班次大約都是一小時往返的風雪中靜靜等待一張好照片的出現。

鐵道員電影在日本舞台歷久不衰，至今已有五部以鐵道員為背景的主題電影，像是 Railways 系列關於出雲一畑電鐵《49 歲的電車男》、富山電鐵屆臨退休持續三十五年零事故的《大人間無法傳遞的愛情》等，一直到新幹線通車五十週年由 JR 東海特別為十河信二（日本政治家與鐵道官員，被譽為「新幹線之父」）和島秀雄（新幹線計劃總工程師）平反的特別節目《妻子的新幹線》等，都在講述一群人生和鐵道分不開的人們，以及他們與鐵道之間的故事。

鐵道迷的癡愚、無邊無際的等待與想像空間，在無人站中可以發揮到極致，找一段自己喜歡的路線，找一座杳無人跡的車站，自己搭棚，利用陽光或星辰，在那個車站舞台上就可以創造一篇專屬於自己的故事，營造專屬於自己最完美的鐵道旅行，然後新的鐵道篇章於焉產生。

御宅鐵線 Railway Fan Line

期間限定的逆襲

●紅色夏亞●

Zeon，宇宙世紀的新錫安，上帝的新選民，地球上腐敗的舊帝國巴比倫已然頹圮！吉翁公國戰士紅色
夏亞在2014年6月對地球再次逆襲！

紅色夏亞

日本劃時代的動畫《鋼彈》宇宙世紀UC-0079中，人類宇宙殖民地宣告建立吉翁帝國，其中最強的機動戰士機種便為「紅色夏亞」。南海電鐵集團因應關西空港開埠二十週年，便將其中一列原先車身為深藍的空港特急改裝為紅色夏亞，成為2014/4/26~2014/6/30限定乘車期間的紀念車款。

相對於從古至今未曾停歇的東西較量，對於所謂門面形象議題，當 JR 成田空港特急獲得多數國內外鐵道設計獎項後，1994 年 9 月 4 日關西國際機場正式營運，在營運前這項專案由都市計畫家小田靖弘以整體機場主體與周邊都市計畫開發主導周邊建設的配合，並且參與屬於關西特色的空港特急車輛設計專案。在這樣的基礎上建築家若林廣幸針對車體提出了概念上的結構與外觀，再將草圖交由之前獲得布魯內爾獎的東急集團與取得關西空港服務權的南海電鐵集團開始生產，這輛結合四方意見暱稱為「藍色鐵人」的玄關列車，果然在次年獲得了鐵道友之會的最高榮譽藍絲帶獎。

回顧這輛迥異於一般列車造型的設計概念，專案團隊除了考量留給外國觀光客對於舒適度、列車性能與行駛速度上的要求之外，更重要的這是一台展現關西人值得信賴的端正態度與洗鍊氣質的車輛。藍色的塗裝代表旅客在飛機降落前所看到的蔚藍海景，而選擇了看似人面的車頭設計概念，就來自於出身神戶的漫畫家橫山光輝的名作《鐵人28號》：一項由帝國陸軍秘密研發，期待肩負著扭轉二次世界大戰末期節節敗退戰況的機器人。對於第一次經由關西機場進入日本的旅人來說，即使站在 JR 西日本的月台上候車，都無法忽略對面南海電鐵月台上那輛冷冽精悍的藍色列車所帶來驚豔。原本各個鐵道集團於各自所在的主要國際機場提供載客服務現況，在2014年夏天出現了驚人意表的變化，這個限時出現如彗星一般的特種列車瞬間徹底顛覆了所有人的視野：南海電鐵的「紅色夏亞」。

一款實踐未來主義的列車，一張機器人容顏，這個外型從來都是萬眾矚目的焦點。

是的，就是宇宙世紀UC（Universal Century）0079年宣布獨立的人類外太空殖民地吉翁公國中，血統貴為帝國王子的無敵戰士夏亞－阿茲納布爾。一個看似壞人的人，一種看似熱絡卻孤獨的生活，一個僅靠自己贏得勝利，一個同時肩負著理想與報復，單槍匹馬與地球軍的薩克群決鬥，最終贏得勝利的傳奇人物。這對於夏亞而言是再適合也不過的寫照，對於一個閱聽者而言，無論何時接觸《鋼彈》系列都將著實地對那個在《鋼彈》系列裡負責關鍵決戰的全能王牌MS駕駛烙下深刻印象。雖然這只是一場虛擬的宇宙戰爭，但是總有一種能使人怦然心動的感覺。

你還記得兒時的鋼彈模型在哪兒嗎？還記得那些在鋼彈裡頭的故事嗎？相信在大部分六七八年級生的記憶中，《鋼彈》系列在男同學之間的課餘話題中總扮演著舉足輕重的角色。不管是可立於書桌的組裝版鋼彈模型、抑或榨乾你的零

用錢也要買齊的漫畫版書籍，甚至是隨著時間出了無數版本的歷代動畫，這些都是《鋼彈》這部傳奇作品中的點滴，同時也象徵著我們存於某個時代中的記憶。對於這種背負拯救時空性的重要使命人物們如夏亞與阿姆羅，相對於市井小民的我們永遠有拚命地想把自己幻化成其中一員的夢想、不，一個成為第一現場的目擊者就足夠了，所以開始買模型回來組裝、上漆，在月亮高掛夜空時裁切金屬配件；在晨曦初起時調配顏色準備上漆，多少的挑燈夜戰、多少在這些模型機上面的精心雕琢。

而在2014年、一個吉翁公國戰士「夏亞的逆襲」在地球從虛擬化為現實！南海電鐵因應南海50000系車輛登場二十周年紀念，暨配合於同年5月份上映的《機動戰士鋼彈UC》第七集的登場，特地將六輛空港特急Rapid中的第二編成，從內而外大改車輛塗裝顏色並在車體掛上了吉翁公國的軍徽，甚至連第5車內裝也一併更新，並打造了拍攝區並標明為「米妮瓦・拉歐・薩比」、「安傑洛・梭裴」和「弗爾・伏朗托」的座位供搭乘者乘坐並攝影留念。這輛暱稱「紅色彗星」的火車行駛所到之處不僅有人專程前來朝聖，更在站內站外吸引廣大群眾駐足拍照，雖然這象徵夏亞所駕駛之MS機台列車僅僅運行六十餘日，但這次夏亞對地球的逆襲，相信已經深深融入每一位鋼彈迷新的記憶裡，如同《鋼彈》那若有似無的結局一般，戰士夏亞以某種形態繼續在我們的記憶中活躍著……彷彿穿越了時光隧道！

若逾此界就別再回首

● 浦島太郎 ●

「靠山為黑，靠海為白，天地陰陽以此為界，若逾此線切勿回首顧盼！」──《浦島太郎》

《浦島太郎》

丹後國漁夫浦島太郎，曾在海邊幫助了一隻受孩童欺凌的海龜，海龜感恩之餘載著太郎到了海底龍宮，在離開之前公主交給他一個玉寶盒並交代不可打開。回到人間的太郎在失落之餘打開了寶盒，一縷輕煙過後自己的容貌從少年變成老翁，此時方知仙境一日地上千年。

每個人心中都有一處烏托邦，一個嚮往的瑰麗夢幻國度。偶爾在某個加班的午夜或者趕赴不同城市開會的舟車往返時浮現腦海，又或者快要被手頭工作壓垮堅強的自我防線時，那個幻想的烏托邦就會浮上心頭。烏托邦裡的模樣完全按照自己當下的困境產生一種鏡像反射，在夢幻國度裡頭的一切都和眼前無可逃避的現實世界完全相反。

對我而言，只要手上有一本火車時刻表，我就能夠在這張鐵道地圖上作一種屬於我自己的腦內鐵道旅行。通常，只要沒有想去的特定目的地，我就會任由列車帶去之前沒有去過的地方，這一刻，過去的我多半就消失在規律的列車轟隆聲響不知所蹤，然後當旅途歸來時將會迎接全新的自己。

鐵道劇集《末班車再見》的第五話以小田急電鐵江之島線終點的片瀨江之島車站為背景，描述男主角與在水族館工作的神秘龍宮少女一同度過的奇幻一夜，這個故事就是取材自日本文化中有如烏托邦的民間傳說——浦島太郎。小田急電鐵集團在這條通往湘南海岸終點的江之島車站的建築理念，就以故事中所想像出來的海底龍宮作為設計主題。這種源自於佛教「天上一日，人間一年」的觀念，自古以來就出現在各民族的文學作品當中，每個故事的共通點通常具備了「人間與仙境總有一條界線」、「離開天界之前必須保守秘密以及遵守誡命不可違反」等基本元素。

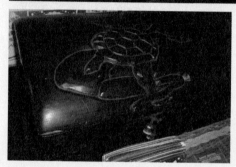

而浦島太郎的故事從《丹後國風土記》開始記載之後，便隨著時代變遷與文人的心境，在維持相同故事主軸上做出一些細節上的不同演繹來傳達當時心情的投射。頹廢派文人太宰治在《御伽草紙》的版本上，更是反映出在歷經戰爭與家道中落的太宰治心中烏托邦的型態。原本講述給兒童聽或市井小民間口耳相傳的大眾通俗故事，已經不再僅僅是一則童話。

除了在東京近郊的龍宮車站之外，遠方的JR九州也針對這個故事設計出一台專門講述這則童話的列車「指宿玉寶盒」，夢幻般的列車把旅客從鹿兒島的現實世界當中帶到日本最西端的火車站。這短短的乘車旅程，就是一段如同桃花源記般的奇幻之旅，列車車箱內就放著一個黑檀木寶盒，裡面象徵性地藏著所有龍宮城的秘密；除了浦島太郎故事的彩繪玻璃之外，整節列車如同在鐵道上

運行的圖書館，車廂內放置了各式各樣的百科全書讓旅客在這趟旅途中了解關於日本海周邊的一切。列車外型以顏色一分為二，面山為黑靠海為白，這中間的界線就是傳達先前遊歷仙境的原則——「此線劃開人間與仙境，若違反仙界命令則將會從天界打入現實而回歸凡間」。

「在仙界龍宮享千年之樂」還是「在破敗的世間渾渾噩噩載浮載沉的度過一生」，我們的有限生命中無時無刻不斷在理想與現實間做出這樣的選擇。在列車到達指宿枕崎終點站之前，你可以選擇永遠留在那裡把自己深埋在火山沙堆中，抑或可以在喜入站就下車搭上下一班列車回到鹿兒島的現實世界。不過切記，那個車上用錦繩繫住的玉寶盒目前還沒有人打開過，萬一你不小心打開了它，或許就會跟浦島太郎一樣，發現回去的車站再也不是你當初出發的那個鹿兒島站了。

人生就像一個聚寶盒，有些人積攢著金銀珠寶，而有些人細細的保存著美好的記憶那麼，你的指宿玉寶盒裡放的是甚麼？

意外與偶然
◉浦島太郎番外篇◉

有時不抱任何期望的旅行，有更多驚喜。

一個人的日本行，走過鄉村、走過市鎮；走過喧囂，走過恬靜。在鐵路大彎旁駐足，也在原野支線旁漫步。將自己慢慢沉澱下來，拋下其他多餘的部分，享受最原始的輕盈，抓起屬於自己的節奏，秉持一貫的堅持，瞭解起未來的希望，回憶起過往的點滴。這或許就是鐵道旅人最殷切渴望的確切幸福了。

我飛到福島與米澤之間，在普通車車班較多的中途小站茂吉紀念館前，走往軌道上方聯絡橋時，無意中瞥見引道上的建築物正是茂吉紀念館，紀念館雖然持續開放著，但館前的茂吉雕像頭上卻披上了些許的蜘蛛網。時間緊迫，下一班Tsubasa馬上就要通過了，遲疑一下後，我還是快步離開雕像。時近傍晚，光圈與ISO值幾近調到極限，拍完了既定班次列車，沿著原路走回車站，不自覺又看了幾眼那尊雕像，腦海中突然浮現一個想法：去行李箱拿張衛生紙清一下好了。無奈雖然才幾絲蜘蛛網而已，清理時間卻比預期久了不少，因而錯過尖峰時刻一小時一班往山形的普通車。然而，卻在接下來的候車時分，出乎意料遇上了E3系Toreiyu足湯Resort的試車情景，這機會直叫人大嘆幸運！

鑒於這日收穫如此豐饒，次日繼續前往車班更稀少的奧羽本線福島米澤段探險，果不其然便遇見密集試車中的新塗裝列車，這次是在彎道旁。我忽然想起剛抵日的第一天因為搭乘的班機延誤近一小時，只好放棄原先補捉E351系等特急列車影像的打算，又花費了約三十分鐘在京急電鐵櫃台拿到了當天與隔天剛上線營運的京急YH。只是在拍攝時影像構圖因與其他列車交疊甚覺可惜，但是似乎在茂吉紀念館那一個黃昏之後，一件件不可思議的列車奇遇接踵而來。從可遇不可求的新幹線檢查車Dr. Yellow、即將廢車的日暮號寢台Twilight Express、福島站夜晚短暫停留的仙后座寢台Cassiopia、南返時在大宮遇到的E3系0番台，這一連串的幸運一直持續到停留日本的最後一刻乘坐京急來到羽田機場時，發現對向月台出現了夢寐以求、上次失之交臂的京急YH，我慶幸當時相機還沒收起，也算是為這次旅行畫下一個完美的句點。

回台灣後跟學長談起這一連串的旅途，學長提到了九州觀光列車指宿玉寶盒裡

那隻海龜的故事。經歷如學長所言浦島太郎因救過的海龜報恩般的奇遇，後來想想或許是第一天那輛京急 YH 真的會帶來幸運吧？這次首都圈的拍攝目標之一便是它，但接連刻意繞去東京幾日，行駛班次皆無緣成功拍攝到單面車頭特寫，在失望返程回國之前，最後卻在羽田空港站再度巧遇，甚至有幸搭乘一小段體驗這台藏於傳說中的列車，或許冥冥之中即因抵達日本第一天便努力追尋它，也如同我們對於諸多事情強求一般，在兜兜轉轉了一圈最後反而卻在原點，相遇！

人生是無盡的冒險
●神隱少女●

傳說中「海原電鐵」有三列不同的火車往返於現實與童話,一條開往過去、一條通往未來。
只是,萬一坐錯了車,會不會永遠困在湯婆婆的湯屋裡?

《神隱少女》

由吉卜力工作室製作的日本動畫電影，劇本和導演為宮崎駿。
片中主角荻野千尋隨父母搬家來到一個陌生的城鎮準備開始全
新的生活。然而，因為途中迷路，她和父母誤闖入了一個人類
不應該進入的小鎮。主宰小鎮的是當地澡堂「湯屋」的巫婆
「湯婆婆」，而「湯屋」則是服侍神靈洗澡的地方，在鎮上。
凡是沒有工作的人都會被變成豬並吃掉……

不知道「下灘」這個名景點，是因為渥美清的《男人真命苦》還是日本國鐵
「青春十八」的海報才一炮而紅。

如果說青春無敵的是擁有可以浪擲的時間，那麼去一趟下灘的確是一個不錯的
選擇。從向井原車站下車之後，在這裡最近的加油站沒有免費的廁所供你使
用、沒有便利商店可以讓你填飽肚子，當然放眼望去只有稀落的車輛在高速公
路行駛，沒有任何一個可以讓人暫時落腳的地方可供休息。火車多半往予讚線
行駛，過了通勤的時間要超過二小時才有一班往伊予灘的車輛通往下灘，或者
對鐵道迷來說，站在這一個角度上的夕陽才如此珍貴，短暫的旅途中時間就是
金錢，漫長的轉車等待就等於一種機會成本，犧牲的或許是松山市內的松山古
城，失去的或許是一趟可供歇腳的溫泉之旅。

清晨輾轉從寢台列車轉搭了特急島風來到了松山站，我想都沒想就在同一個月
台搭上了這單線行駛的柴油電車，這個時候除了接駁往伊予灘方向的旅客之
外，我也不知道身處四國西北角的松山車站這一條前進的路線還能往哪裡行
駛。當我發現必須在向井原車站下車免得一路往高知方向前進時，我必須在這
裡找到繼續往下灘推進的方式。

飢腸轆轆加上四國剛處於融雪後的寒風刺骨，連在別處盛開的鮮紅茱萸都在這
被凍成了粉紅色的串珠，我揹著沉重的行李試圖在四處封閉的民宅中尋找一個

冒險的勇氣必須自己往內心當中尋找，就算遇到誘惑、即便過程當中充滿危險，
只要有心，人人都可以從困境當中找到一條出路來！

溫暖的角落，然後在燈光的指引下我想這裡應該是一個咖啡廳，週間的午前時分看來我是唯一的客人了，我向素雅淡妝的女服務生詢問了幾個問題，當她寫下了我的問題之後我突然發現在她手腕內側的幾個菸疤，頓時我想起了遠在北海道洞爺湖旁「幸福的麵包」當中那對遠離東京來此療傷的類戀人夫妻，甚者依照這裡居高臨下的地形，周遭杳無人跡的景象，這個咖啡廳更像森澤明夫筆下的「守候彩虹的海岬咖啡屋」，受到療癒的通常不僅只是來訪的客人，咖啡廳的主人或許更是整個心靈重建空間的最大獲益者。剎那間我很想多跟眼前這位少女多聊一聊，旅行是一趟交換故事的過程，雖然我要去的下一站或許人潮洶湧，但在天候不算好的今天也可能又是一趟無人車站的巡禮。她端上了我點的伯爵奶茶，我們寒暄了一會，直到我叫的計程車抵達為止。

我這第三趟深入四國內地的旅程雖然包含了市內的道後溫泉與下灘這二個名景點，但是如果要重現名作《神隱少女》，除了造訪電影中溫泉建築原型之外，我更必須找到那條神秘的海中鐵道，這趟旅程才算完整。一定有某處啟發了宮崎駿的製作團隊，才會在電影中出現一條在海中通行的鐵道場景，在鐵道社團中我並未聽過任何人提及這麼一段神秘的往海底延伸的鐵軌所在。

在一個極偶然的機會下我得知了在盛名遠播的下灘出站之後就可以找到這一段隱沒在潮汐之間的鐵軌，下灘站的夕陽已經有太多戀人留下美麗的成雙倩影，因此「海中鐵道」這才是我這一次千里迢迢轉乘好幾趟列車來到四國邊境的主要目的。我走出站外穿過平交道往燈塔的方向走去，在下一班來到伊予灘的列車還有一個多小時，我還有足夠的時間可以發掘那條三途路的所在，不像電影中描述的那條通往錢婆婆住處的單軌鐵道，現實中從這裡往海底延伸的鐵道一共有三條，感覺上選錯了路線或許就會像千尋的父母一樣被變成一頭豬永遠的被困在奇妙小鎮。

我深怕攝影器材有任何閃失，一共用了四種工具留下這珍貴的景象，我感謝

御宅鐵線 Railway Fan Line

上一個發現這個神秘鐵道
的旅人分享了這個在潮來潮
往的浪花中具有深遠意境的
鐵道秘境,我循著他的腳步
來到這裡,然後繼續把這個
傳說分享給下一個願意發覺
秘境的鐵道旅人做為出發的
參考。鐵道的兩端需要旅人
不斷搭乘列車往返藉此來交
換美麗的訊息,即使鐵道的
盡頭是海底深處或者宇宙邊
境,鐵道旅人的腳步從不停
歇。

帶你回到親愛的人身邊

●聖誕夜特急●

月台是戀人分開的地方，也是戀人重逢的地方。

聖誕夜特急（JR東海12/24限定）

日本國鐵JR東海所推出的著名形象廣告，主題曲均為
山下達郎的歌曲Christmas Eve，為大眾注目的焦點就
在於每一年的女主角遴選，背景由新幹線100系擔綱，
於2000年時改由新車700系入鏡，並由前二位女星與
新任女主角一同迎接千禧年的聖誕節。歷年女主角分別為深津繪里(1988)、牧瀨里穗
(1989)、高橋理奈(1990)、溝淵美保(1991)、吉本多香美(1992)、星野真里(2000)。

每個國家對於聖誕節都有著屬於自己文化的歌曲與傳統，在不同的世代中都有
著屬於那個年代的歌曲被人傳唱著，隨著旋律逐漸的普及，彷彿當四面八方都
充斥著那些歡樂跳躍的音符時，一年當中最為歡樂的快樂假期就即將到來，節
慶的禮物象徵著一個希望，不管是哪一個國家的聖誕夜裏，不論大人或小孩都
希望這個晚上自己的願望能夠實現，人人都在等待奇蹟。

聖誕節對於日本人來說由於已經接近新年假期，連續一整個星期的過節氣氛使
得大街小巷都洋溢著歡笑與祝福，各地的車站人滿為患，每個建築物門口都
掛上了各式各樣的新年門松。自從1988年之後，因著一支JR東海的主題式廣
告，讓趕在聖誕夜來臨之前搭上最後一班新幹線，以最快的速度與戀人相聚變
成了一個新的傳統，雖然那僅僅是連續五年一連串東海道新幹線的電視廣告，
但是山下達郎這首應景的歌曲不知不覺的成了日本全國關於聖誕節的共同記
憶。

日本人的廣告常常喜歡在創新當中保持既有的傳統，讓每一支針對相同產品行
銷的廣告除了同樣能吸引住顧客的目光之外，也希望在細節上推陳出新，讓相
同的產品具有極高的辨識度，讓觀眾一眼就能夠認出這是來自哪一個產品的新
廣告，甚至在推出廣告之前引起大眾的注意並且預測新的廣告方式，在形形色
色的廣告當中，有六年的12月24日這一天，JR東海會發售一款很特別的日期
限定車票「X'mas-eXpress」，聖誕夜特急！

在這個系列的廣告當中都用山下達郎的「聖誕夜」作為背景曲目,從1988年到1992年連續五年在相同的季節製作了一系列聖誕夜特急的廣告,以冷冽的寒冬十二月為背景,孤寂的都會女子為主角,或者在大街上看著自己呼出的空氣凍結成水霧,或者形單影隻地看著商店櫥窗裡面的新娘禮服,不論今年的女主角換了哪一張面孔,在月台上孤單的身影都只有與情人相見才能夠融化那顆熱切與對方相見的心。這五支廣告除了維持著相同的氛圍,另外也隨著鐵道技術的進步,JR東海道新幹線上運行的列車由早期的新幹線100系車輛已經變換成當時最新型的700系新幹線做為主力,因此到了2000年的千禧年聖誕夜,延續這支廣告既有的特色,JR東海再一次製作這支聖誕夜限定的夢幻超特急,以十年前相同系列的其中二位女演員搭配新任女主角,同樣維持著既傳統又創新的原則讓觀眾一方面回味舊時代的廣告名作,同時也從新列車的問世,開啟人們對千禧年的嶄新希望。

鐵道王國千里紀行

這種用「鐵道與情人」的元素所構成的廣告，即使已經到了手機問世的時代，利用高速行駛的新幹線就可以迅速滿足情人那種在節日盼望相見的行銷主題，說明唯有鐵道才能夠實現情人之間濃密又急切相會的情懷，不管是多麼遙遠的距離，只要及時搭上了新幹線就能夠在最快的時間聚首。使用國鐵券多年的我累積了許多紀念車票，今年終於有了機會趕在日本空中與陸上交通最繁忙的聖誕假期當天抵達日本，機場海關通行處排滿來自四面八方要在日本過節的旅客，我急切的想要在最後一刻站上JR東海的新幹線月台上體驗廣告中的那種心情。

對於這一次的旅程，一方面我想拿到一張12/24戳記的車票，二來我更希望能夠遇上剛剛上路行駛的新幹線最新車輛N700A，距離列車收班只剩下幾個班次會進站，我不知道自己有多少的機率可以遇上這款新型的車輛，我一一在各個月台上檢視著緩緩進站的車輛車身，山下達郎的歌聲在此刻不自覺的在心中悠悠響起，我沒有辦法像廣告中的女主角一樣在零下七度的月台上奔跑，剛剛入境日本，身體還沒有適應冬季大雪，只能靜靜在月台上等候，原來不計代價為了一個日期戳章，為了和一輛新車千里迢迢的趕來這裡等候會面的心情，這就是人們說的戀愛的心情吧。我伸出手輕輕撫觸著冷冽車身那道彷彿剛上漆的全新水藍字樣，我的N700A，這就是陪伴我度過今年聖誕夜的藍色情人了，越來越大的雪花從天空飄下，我對著眼前的列車悄悄說了聲：「聖誕快樂！」

速度越快，心越慢

●女子鐵道緩緩前行●

你等一下如果沒什麼事情，那我們去搭每一站都會停靠的火車好不好？就這樣從新大阪到博多南站，看看我們能喝多少杯咖啡，看看我們能說多少關於你和我的未來。

鐵道王國千里紀行

《女子鐵道緩緩前行》

作者酒井順子本身即為鐵道迷，崇拜鐵道界名人宮脇俊三，屢屢接受同為鐵道迷的雜誌社總編輯邀稿，因應最新時刻表來從事各式各樣的乘車挑戰。本書即為「東京地鐵一日全攻略」與「以新幹線實現東海道五十三次旅程」等歷次鐵道壯遊專題遊記。

坐著 E3 新幹線直接到秋田，然後換乘 Resort 白神列車，或者從新大阪搭乘 700 系鐵道之星在小包廂裡一邊觀賞窗外景色一邊與三五好友閒話家常，這並不是一件困難的事情，三款五能線上從青森到秋田一天三往復對開的大窗景觀白神列車，本來就是一種為了促進白神山地與奧羽本線日本海側風景而設置的觀光列車，「青池編成」、「啄木鳥編成」以及「山毛櫸編成」本來就設計有專用包廂供乘客團體使用，在山陽新幹線上行駛的鐵道之星也有木製包廂讓商務乘客能夠在車內開會不受干擾，鐵道迷若是專門為了觀景聊天，在速度與舒適度二相俱足的情況下搭乘這二種車輛，那麼新潮社總編輯田中比呂久先生大費周章的安排一行人以站站停靠的方式所為何來？

傳統出版業遭受到數位化的衝擊之後，人們的閱讀習慣逐漸從紙本移轉到手機與平板電腦介面上，在科技影響生活的狀況下唯一沒有改變的，就是人們仍舊在行駛當中的電車上進行自己的閱讀行為，介於住家與公司之間的這一段行動閱讀時間，將人們的生活空間清楚的區隔了開來。對於廣大的通勤上班族來說，電車上的閱讀時光是如此的私人隱密、是如此的輕鬆自在，1995 年利用電車通勤這段時間閱讀《日本經濟新聞》副刊連載的渡邊淳一《失樂園》的人們，過了二十年之後只是改用手機追逐著昨夜網站最新更新的電視劇《半澤直樹》罷了！而對於閱讀內容的提供者，也就是為視聽大眾提供閱讀素材的編輯們，無論在紙本時代或者數位時代都必須隨時提供足以吸引人目光的閱讀題材，來讓自己的出版物在廣大書海當中保有一席之地。

新潮社作為日本首屈一指的出版社，從《月刊新潮》到人手一冊的新潮文庫等，在每一種書籍領域上都有舉足輕重的地位，身為出版界龍頭的編輯部，上至部長下至編輯對於開創讀者新型態的閱讀品味，或者掌握閱讀趨勢的脈動，都必須有著更靈敏的嗅覺。每個月二十日出版的「全日本鐵道時刻表」，不僅對於以鐵道為專論的雜誌書刊發行者，或者像新潮社等其他大型出版商來說是一個重要的時刻，許多人也針對這個由交通新聞社對全國公告的鐵路運行服務

時刻表的資料加入不同的元素，讓讀者從中產生更深度的閱讀動機，甚至為此閱讀活動計畫出一趟旅行來感受閱讀中產生的靈感。於是熱血的出版社總編輯在看到了最新的列車時刻表，而自己由於繁忙的公務無法抽身的當下，想出了一種又一種的鐵道旅行方式，讓執行編輯帶著作家和攝影師去緬懷過去的鐵道巨人曾經執行的旅遊企劃，如宮脇俊三的「東京地鐵一日全攻略」，或者由正值壯年的鐵道巨擘橫見浩彥與櫻井寬一同開展全新的鐵道旅行企劃，於是每一個執著的鐵道迷的驚世之作都成為巨人，我們一次次地站在巨人的肩膀上或多或少的再把傳奇往前推一點、再往上推高一點。平凡如總編輯田中，都具備了神奇的路線規劃與預測能力，尤其每每在企劃執行途中遇到列車事故延誤，田中先生還是總能在中途加入旅程或者提前到達終點站，對眾人慰問探望一番。

對於以日本國鐵券發行單位作為旅行日期依據的背包客型鐵道迷來說，若是真願意犧牲一天高速新幹線的搭乘機會來挑戰一次所謂「宮脇俊三障礙」的人，那真的是鐵桿至極的鐵道迷了，2013 年夾雜了其他主要參訪目的的機會，在使盡全力之下仍然錯過了有樂町線以及副都心線而無法在一天之內搭遍東京都內十三條地下鐵。但是我心裡想酒井順子真的這麼在意完成瘋狂總編輯田中為他們所設計一次又一次的鐵道挑戰之旅嗎？抑或者田中先生似乎也不是那麼嚴格的要求酒井等人完美的實踐每一次的採訪企劃？

這個脈絡從台灣出版社把這本書的中譯本取名「緩緩前行」可以看得出來。在大家習慣新幹線的極限時速往返本州東西二端直到九州南北的當下，能不能好好以古時驛站巡禮那種朝聖的方式，走完新幹線從東京到鹿兒島中央全部四十六個車站；雖然新幹線車輛是設計成高速行駛所用的，但是新幹線旅人的心情是隨興所至的。所謂「東海道五十三次」的意涵就是不論大城小鎮，在每一個車站的停留都可以讓旅人留下足以回憶的記憶，讓鐵道旅行不僅僅是一趟旅行，讓採訪不僅僅是採訪──這或許是一份和鐵道有關的工作，但是它卻富含了更多鐵道人文的精神。

每個人在到達終點前都有屬於自己的轉乘方式與快慢節奏，而每個人都能享受之處就是不論列車行駛的快慢。若是這一趟運氣夠好天候也許可的情況下，東海道新幹線列車過了靜岡到達UCC點（東海新幹線在靜岡至新富士之間，可從車窗眺望富士山的地點）的時候，我們就可以好整以暇的就著車窗看看眼前雄壯的富士山全景；而如果我們手上的配備也能夠在高速行駛的狀況下捕捉到稍縱即逝的日本鐵道車窗百景之首的影像，某種程度上來說我們也成為櫻井寬先生了。

回到心靈故鄉
● 戀戀三祭 ●

所謂的神魔之戰，其實也就是我們內心的天人交戰罷了！

鐵道設立之初是為了生活的實用性，一方面是提升人們在城際間的交通便利，二來是讓各地資源得以更有效率的相互流通。然而，鐵道除了實用性的考量之外，周邊社區的傳統人文關懷有時也可以與社會觀光振興一併發展，而不需要等到鐵道的需求性與實用性漸次降低之後，再來思考鐵路沿線相關的文化保存或景觀維護。

八月的日本東北地區在七夕那一週有三大盛事「仙台七夕祭」、「秋田竿燈祭」以及青森和五所川原的「睡魔（侫武多）祭」，祭典沿線所帶來龐大觀光人潮與鐵道的共同行銷便是一個很好的典範。不用說當週通往各個慶典舉辦地的車票一票難求，幾乎祭典開始舉辦半年之前的旅館訂房率就已經近乎全滿。

夏季的這三項慶典都是重要的無形文化財，其間可供利用的交通工具也都是鐵道迷所追逐的名列車。要追求速度感的人可以從東京搭乘最新的新幹線E5與E6系並聯的子彈列車在仙台下車，當仙台站內站外掛滿專屬於仙台獨有的飾品時便是宣告七夕祭的到來；觀賞完商店街各式參展競賽的掛竹流蘇之後，第二天可以再隨著E3與E6抵達終點站秋田參加竿燈季；亦或者轉搭E2或E5直奔青森縣，在新幹線已經直通新青森站的現在，雖然載客量最為龐大的雙層新幹線E4已轉往上越地區服役，新幹線最新的二輛主力車種還是可以讓你在慶典當週當在東北地區快速移動。

三大祭典動輒是上百萬人參與遊行，鐵道運輸的能量在黃金假期更是提升到滿載的狀況，幾百萬的觀光客所形成的移動人流若非提早事前預先規畫，往往很難一次就跑完三個祭典看遍不同地區的夏日盛事。除了新幹線之外，秋田站到青森站沿線地區的民間觀光提振協會與JR東日本一同在五能線上規畫了完整的文化保存與觀光活動。五能線沿途有日本海美麗的岩岸景致，從深入海岸的不老不死露天溫泉，到原始林相白神山地，觀景列車Resort白神系列車輛從一開始設計的「青池編成」，第二款「山毛欅編成」，到第三款結合日本海夕陽

景觀與東北森林特有的紅頂啄木鳥「啄木鳥編成」，從列車的外觀設計與命名就可以看出東北人們對於整體生態環境維護的努力。

藉由這三輛行經五能線各個著名景點的觀景列車，以及經由奧羽本線同樣在青森與秋田之間經由內陸行駛的特急津輕列車，抑或者由新潟等越後地區搭乘稻穗特急經由羽越本線同樣可以進入秋田縣境，如此一來就可以避開新幹線的人潮，利用四通八達的鐵路網來連結秋田竿燈祭與五所川原和青森的睡魔祭地點。

在秋田站的車站內立起的竿燈與市內的竿燈大通上的雕像，清楚描繪出這種以頭、身體或手頂著數十盞竿燈的特殊模樣；而五所川原站前的「睡魔館」珍藏歷年製作最精美的三座二十二公尺高的睡魔立佞武多巨像。為了營造出祭典當時的氣氛，館中也播放著歷年祭典的紀錄片與傳統民俗音樂，抬頭仰望三座得獎的佞武多像、耳中伴隨著遊行時民眾在鼓樂聲中的吶喊，在那樣的氛圍下整個館內氣勢磅礴，就像是來到另一個時空一般，令人不得不敬佩日本人保存傳統文化的意志力與決心。祭典來臨之前，平日在外地工作的年輕人都會回鄉共同參與一年一度的盛事，如此的傳承或許就是使整個祭典遊行年復一年都吸引數量龐大的觀光客湧入東北的理由吧。

神秘深邃的遠古物語
●三眼神童●

你在等同伴回來接你嗎？你在地底下等了幾千年了？

《三眼神童》
是外科醫生手塚治虫對日本境內各地出土的古文明的幻想系
列作品集，針對謎樣的京都龍安寺石陣，結合青森縣發現的
國寶遮光器土偶發表長篇故事「古代王子哥達路」，五能線
木造站更因此以該土偶造型改建車站外觀。

從秋田出發進入滿是自然寶藏的五能線，有著白神山地的千年神木林、有著融
入日本海的不老不死溫泉，過了如豆腐一般的千疊敷礁石岩岸，一座不知名的
雕像車站就快要進入眼簾。如同白神車站的女站長親身迎接列車的到來一般，
木造站那奇特的站體結構也靜靜等待那些渴求遠古文明知識的人們到來。

未知的文明留下了破碎的腳印，讓人類重新在大陸上憑著殘缺的資訊航向大
海，尋找自己的過去，並試圖掌控自己的未來。京都的龍安寺與青森縣的三內
丸山遺跡之間就存在著這樣的古文明連結，一個由極具理性的外科醫生手塚治
虫創造出來的想像。手塚先生紮實的醫學訓練讓筆下的《怪醫黑傑克》漫畫當
中，每一張手術圖的細膩筆觸都足以和教科書上的解剖圖解相比擬，是什麼樣
的心情讓受有嚴格邏輯訓練背景的手塚發現了相隔千里的文明鎖鏈，如同謎樣
的土耳其帝國艦隊上將皮爾‧萊斯1513年手繪航海圖一樣，另一幀立體的航
海圖就這樣靜靜的躺在千年古都的佛寺裡面，等待著凝視的人內心燃起熊熊的
探索慾望來開啟一場未知的旅程。

青森縣龜岡地區出土的「遮光器土偶」在這些遺跡當中最為引人入勝。一個遮
光器土偶的出土讓淹沒在歷史洪流的神秘線索重新浮現在人們眼前，手塚治虫
在京都突然頓悟了一則消失已久的古老印加文明的線索，而做出這個大膽的結
論把人類現有的文明遠遠拋諸在後，原來我們並不是這個星球唯一的主人。這
樣的創意足以讓JR東日本重新改建一個車站，這樣引人入勝的情節絕對讓三

班行駛在秋田與青森之間的觀光列車有理由在此停靠，讓那些接續著手塚治虫幻想的人們到這邊來一探究竟。我在接近傍晚的時候到了這裡，掩不住內心的興奮緩緩走出站外，好好的大口深呼吸之後我屏氣凝神的回過頭，巨大高聳的土偶仿製雕像就這樣壓迫著我的視線，就是你了！

這並不是一個人口眾多的小鎮，站前的醫院已然棄置，除了通勤時間或有學生進出之外，車站前幾無商家而一片蕭瑟，這樣的寂寥氛圍非常適合當初那具在土裡隱身千年以上的土偶的身分。我從下往上凝視著用等比例放大的土偶雕像，仔細的看著它每一個謎樣的細節。仿如太空衣構造的紋路，眼睛外圍像是太空帽的巨大遮光鏡與空氣供輸管線，這個所謂日本古代繩文時期的祭祀用土偶渾身上下有著未來形體的特徵，一如多數人以為日本禪學代表意象的龍安寺枯山水石頭造景一樣，許多天馬行空的想像有時只要某個天外飛來一筆的頓

京都千年不語的枯山水，是否
是古文明留下的一幅航海圖？
只要能夠找到跨越時空的密
碼，或許我們就能夠找到宇宙
所謂的真理。

悟，就足以說出一個有意義的故事，而讓之後每一個閱讀過這個故事的人以此
為旅行的藍圖準備啟程。

說是要驗證真偽也好，說是要親身體驗來朝聖也罷，2004年我第一次到京都
輾轉換車之後坐著京福電鐵進入北野白梅町，準備造訪三座名聞遐邇的古剎金
閣寺、仁和寺與龍安寺，但行前我心中早已有了定見。從小時候看完手塚名著
《三眼神童》之後，我早已等待多時期待親身來到龍安寺對這個未知的古文明
遺跡做一個朝聖的頂禮，即便這只是手塚先生一個荒誕不經的玩笑，我都準備
用這麼虔誠的心態來看待。追隨著手塚的腳步在龍安寺靜靜地坐了好幾個小
時，席間遊客絡繹不絕，身邊的身影不斷更迭，這僅僅是一座枯禪石山水嗎？
擁有傳奇的MI6神秘軍情局007情報員的英國女王，在1975年為何單單要來
京都龍安寺參訪？同樣擁有巨石群古文明遺跡的英國難不成也對傳說中姆大陸
的下落擁有了某種程度的線索，而由女王親自出征？

這無聲的石陣神奇之處在於不管從哪一個角落，都無法從寺內和室同時拍出
15顆枯山水實景的全貌，紋風不動的頑石好像告訴你它們不輕易在一個相框
裡一次性的整體來被人們了解。數年之後我才知道除了龍安寺這個象徵遠古傳

說中消失的大陸航海圖之外,遮光器出土的青森縣龜岡遺跡附近的火車站站體
也打造成了土偶造型,於是多年之後我更深入日本東北內陸來看看航海圖之外
的木造車站。

如同土偶無聲的凝視著這片土地一樣,就像當年在京都看著航海圖試圖尋找姆
大陸的心情一般,與這種超自然的表徵對視的過程我心中總會產生對未知世界
的敬畏。在神武食堂提前用完了晚餐準備搭普通車前往弘前過夜之前,我再一
次從各個角度端詳這尊雕像,想著遠古時期的原住民在祭祀過程中所舉行的儀
式,在那些已不可考的儀式過程當中這個土偶代表了什麼意義?它在等待知曉

它秘密的人類到訪？還是等待同伴的來到？這尊後來名聞遐邇的遮光器土偶是
否具有不可知的力量可以讓先民的內心感到慰藉，並從中找到了生存的意義？
而在文明消失之後隱身黑暗地底的千百年之間，它準備何時才要重新讓後世的
子民得到真正的指引？

每個文明在歷史洪流更迭，我們知道人類總是憑藉著好奇心延展了一段段的航
程找到了新的大陸，但是我們卻不知道自己的靈魂在這個過程中必須要付出如
何的代價！夜幕逐漸低垂，我繼續沿著日本海帶著這些反思緩緩在黑夜中繼續
往青森前進。

戰爭或和平

● 沉默的艦隊 ●

艦長海江田四郎:「這艘潛艇與隊員依照國際公法擁有自決的權利
在此正式宣布獨立,並將航向聯合國發布獨立宣言成為世界的軍
隊。」──《沉默的艦隊》

《沉默的艦隊》

川口開治的漫畫作品，曾改編成劇場版動畫與廣播劇。故事情節在對於潛艦海戰有細緻的描述，但精彩之處不只是在海戰細節或轉折，描寫各國政府及政黨在政治上之行動及表現也十分出色，像是核子武器戰略、蘇聯瓦解與冷戰結束等國際關係政治相關議題都涵蓋其中。

廣島市除了原爆和平公園之外，從吳線到近郊的吳廣一帶，沿著曲折多霧的瀨戶內海海岸前進的路上，不難想像日本海軍大將山本五十六將整個瀨戶內海當作建立聯合艦隊最好的隱蔽所的理由。複雜的航路與海上自衛隊博物館公布的水雷分布圖，外國船艦要效法幕末黑船事件的培里提督這樣長驅直入日本海域，怕是如登天之難。

二戰最後傾海軍軍部全力建造的傳奇無敵戰艦大和號，一直是日本右翼思想分子的象徵，這個企圖在動畫《宇宙戰艦》、漫畫《沉默的艦隊》以及電影《聯合艦隊》與《男人的大和》中屢見不鮮。從吳站出站之後便可以步行到站後為日本海權的這一段歷史所建立的兩間博物館，一是免費參觀可供自由拍攝的海上自衛隊吳市史料館，一在館前矗立那艘真實服役過、可供民眾進入參觀潛水艇內官兵作業區域的海軍潛艇。而另一座新設的大和博物館則是在電影《男人的大和》拍攝完之後，存放相關資料以及等比例縮小製作的大和號模型，作為對曾經在海上稱霸一方的帝國的緬懷的保存地。

早在平安時代的武將平清盛就已經把瀨戶內海的發展重心放在海上武力，一如大和博物館前方放置的海神波賽頓雕像一樣，幾百年以來日本人都認為海權才是擴張日本領土的根本。於是以吳市的海軍艦

艇製造基地與對面的江田島海軍兵學校為中心，日本海軍在這裡發展出一套與
帝國陸軍和空軍完全不一樣的戰略思想，吳市這兩間博物館也散發出與其他博
物館截然不同的氛圍。

走進曾經服役於海上自衛隊的這艘潛艇馬上可以感受到，在這個人與人之間錯
身都顯困難的狹小空間所散發出那種特殊的武器建築自身的味道，這裡的每一
個裝置都被期待在戰爭當中執行殘酷又血淋淋的任務。由於遊客放行進入潛艇
的數目有所限制，我在獨自一人走過駕駛室與水兵寢室時強烈的感受到一股令
人窒息的肅殺氣氛，而感到心跳莫名的加速，那種混雜著一點點的恐懼和一點
點的敬意的複雜感受，我想也只有當初在這艘潛艇實際服役過的軍士兵與來參
觀的遊客可以感受到吧。

平清盛是第一位看到海權將成為日本未來發展關鍵的武將。
從明治維新之後一直到第二次世界大戰為止，峽灣多霧的瀨戶內海每個角落都藏有聯合艦隊的身影，
除了從這裡出發肆虐著太平洋鄰近各國之外，也進攻了珍珠港。直到山本五十六建立的海洋霸權隨著
「戰艦大和」沉沒而結束。

反之，僅有模型的大和博物館便沒有那樣令人窒息的壓迫感，二者的區別就在於一個是真正的武器，一個是陳列的模型。而回到廣島搭上往宮島方向的列車就可以到到達嚴島神社的渡船口，搭上了渡船就可以前往已經有一千四百多年歷史，並已登錄在世界遺產的海中巨大鳥居與古老神社。從平家得勢之後在貴族之間打響了這個女神駐在的傳說，即便之後取而代之的源氏一族仍舊給予嚴島神社極大的支持，而平清盛和千年之後的山本五十六都是主張日本必須以瀨戶內海為中心走向世界具有遠見的人，只是這樣的視野使得聯合艦隊二戰後幾乎完全覆滅。對在這當中犧牲難以計數的生命與被侵略的國家而言，是一場歷史上無法揮去的惡夢，嚴島神社的能劇舞台繼續在各個祭典按時表演，在看不見演員表情的面具下，是否代替無數陣亡英靈與在廣島原爆犧牲的市民傳達一種無聲無息的哀傷？

親情與愛情線
Parenthood Line / Love Line

以車站為舞台，用火車說故事

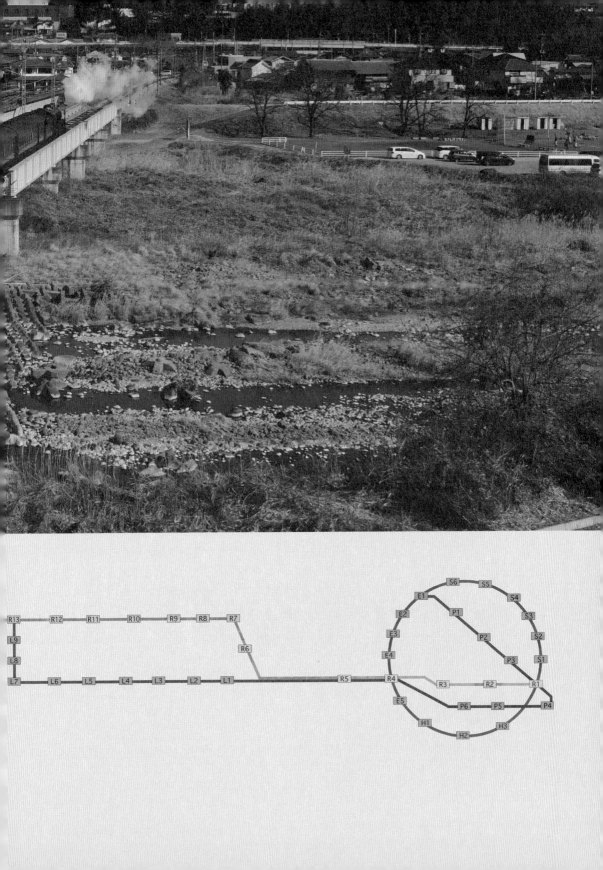

有如遠方閃耀著的星辰
● 東京鐵塔 ●

遠去的是遊子，留下的是母親那顆牽掛的心。

《東京鐵塔：老媽和我，有時還有老爸》
日本作家Lily Franky所著的自傳小說以及第一部長篇文學作品，
先後被改編為單元劇、電視連續劇、電影等。本來在北九州鄉間
相依為命的母子，內向害羞的兒子日後到東京尋找夢想，樂觀的
母親因病來城市求醫，先後失去故鄉的兩人每天看著窗外高聳的
東京鐵塔重新在大城市建立新的希望，這是一個令人心底燃起
「此生一定要帶母親登上鐵塔」的自傳體故事。

對日本人而言，「上京」是一種不成功便成仁的信念。多少年輕人前仆後繼到
了東京，不論是參加各大學聯招考試或者是來此工作，每個人在這座繁榮城市
的不同角落仰望著位在城市中心的鐵塔，在胸中燃燒起奮發向上的熊熊烈火。

「小倉到東京」這個意象，常常被用為代表來東京追求希望的年輕人的起站，
不論是真實人生中的松本零士或者動畫電影《重金屬搖滾雙面人》，這種重拾
人生方向的情節最後總是免不了出現主角搭著新幹線由小倉奔向東京的畫面。

正如療癒系懷舊電影《ALWAYS 幸福的三丁目》中，一列列火車把各處招募
來東京工作的年輕人送到這百廢待舉的城
市，此時的東京鐵塔才剛立好了基架，電
影中每個角色在不如意的時候總不約而同
站在城市裡屬於自己的角落，遠望著每天
不斷增高的鐵塔。東京鐵塔像是一顆希望
的種子在心中滋長發芽，為自己注入更多
積極向上的力量。

數十年過去，富士電視台 2007 年製播暢
銷小說改編劇集《東京鐵塔》，劇中描寫
北九州小倉一個單親家庭裡相依為命無處

只有出走，我才會知道在東京能夠擁有什麼，在故鄉又將會失去什麼。

可去的母子，二人如何來到新的都市而又如何失去故鄉的故事。當主角雅也千里迢迢抵達東京後，從路邊的公用電話打電話回家向母親報平安，母親榮子興奮的問他對東京的第一印象如何，雅也露出喜不自勝的微笑，以一種不可思議的語氣向獨自撫養他長大的母親描繪那第一眼映入眼簾溫暖又充滿希望的鐵塔時，他嘖嘖讚嘆著說道：「真是閃閃發亮啊！」

成功的光環從來就不是一蹴可幾或一夜成名所能造就，在底層的煎熬如人飲水冷暖自知，東京就是一個這樣同時給你希望又帶給你絕望的城市。日後當母親榮子罹患癌症逐漸無法自理生活時，雅也義無反顧的把母親接來東京一起生活，對於同樣是第一次在芝公園的上坡道由下往上看著高聳鐵塔的母親，流露相同的讚嘆表情。雅也不斷的告訴母親總有一天兩個人一定要一起到鐵塔上看看。

都營大江戶線赤羽橋跟大門站，以及三田線的芝公園站都有鄰近東京鐵塔的出口，若是從六本木方向在赤羽橋回到地面可以直接走上鐵塔入口，但是若遇上櫻花季或許芝公園跟大門站會是更好的選擇。芝公園中淨土宗的增上寺是東京市內櫻花樹植林規模僅次於上野公園與新宿御苑的地方，往鐵塔方向走去的上坡可以經過一片櫻花垂柳的粉紅隧道，初時走過或許並沒有太大的震撼，但是從鐵塔頂端望下看去，便可以看到整個增上寺被滿滿的櫻花遮蓋住，佛陀端坐內殿中一整年，或許在這短短七天的花季中可以稍稍看見人間的美麗吧。只是

或許不論是人類本身或者櫻花對歷經九十九劫的佛陀而言，這世間都只是曇花一現的事物罷了。

劇末榮子在病榻上天天看著高聳的鐵塔，雅也終究沒有實現和母親一同登上鐵塔頂端俯瞰東京的願望，這個遺憾讓原作者寫成了一本書。而平凡如你我者或許可以珍惜這短暫如櫻花的人生，帶著親愛的人，一同在花開燦爛的季節裡走過榮子與雅也走過的路，到鐵塔上看看這綺麗的景象讓彼此都了無遺憾。

人生是一連的選擇，縱然不是每一個賭注的結局都如預期美麗。

愛的代價
● Runaway～為了心愛的你 ●

《馬可福音8章37節》：「人還能拿什麼換生命呢？」所以為了心愛的人，你能把生命都交出去嗎？

鐵道王國千里紀行

《Runaway～為了心愛的你》
日本電視劇，描述四個因為冤獄被關在北九州監獄的囚犯，不惜越
獄拯救心愛的人，隨著新聞的逐漸平反與各地網路匿名者的協助，
從小倉、四國、東海道直到東京為止，一場以愛為名賭上性命的逃
亡計畫。

《Runaway～為了心愛的你》這齣戲中四位男主角逃亡的路線，除了一開始從
北九州監獄逃出來之後，跳上筑豐電鐵往黑崎站所搭乘的普通車之外，為了避
開主要鐵路幹線上的追緝偵查而搭乘由小倉港出發，清晨抵達四國松山港的夜
行渡輪，經過《神隱少女》旅館原型的四國西部道後溫泉，和青春十八企劃案
中的名景點下灘車站，以及大阪城與山梨縣甲斐路沿線直到東京鐵塔為止，這
沿路所見其實就是北九州、四國與本州沿線最富盛名的景點之旅。

近畿日本鐵道會社的鐵道網路遍及二府四縣，算是關西地區除了JR鐵道網之
外最龐大的民營鐵道。由於每半小時一班開往名古屋的特急列車所使用的車輛
不盡然與劇中相同，等到第三班列車進站時我看著那橙色列車側線與流線型

的車頭，我想這急切的心情就
是那種逃亡的感覺吧！我常常
體驗到完成一個專案企劃時，
那種肉體極度的疲憊但是心中
卻有著異樣興奮的感覺。今夜
是這一次旅行的最後一夜，我
拖著疲憊的身心到達近鐵大阪
站，劇中一行人在取得大阪城
下的第一筆黑金之後，便是從
大阪難波這一站搭乘前往近鐵

名古屋站的特急列車，準備挖掘藏匿在名古屋的第二筆資金，近鐵 21020 系車輛的鐵道場景就是我為這個故事預定的一幀劇照。

回想幾年前從上海到大阪出差時，我利用休假特別搭乘當時剛推出的新幹線 N700A 來名古屋，清晨第一班從大阪開出的希望號抵達名古屋時天空才大放光明。來到地面層就可以看到 JR 名古屋站的複合性商辦雙塔大樓，我走出站外後刻意繞出大街在小巷弄裡穿梭，傳統市場的商家還未開門，購物拱廊內也空無一人，象徵名古屋的金鯱兀自向著陽光散發耀眼的光芒。我看著排好隊的小學生信步徐徐的走入校園，整座城市才剛剛甦醒，離晚上開演的劇團公演還有一整天的時間讓我可以好好的瀏覽這個本州中部大城。

由於沒有刻意安排的行程，我唯一尋找的目標就是名古屋四季劇場的所在。在
鬧區榮町中迷失方向時我不斷在每一個十字路口看著觀光指示牌來對照自己
與四季劇場的距離與行進方向，在路程上經過了一座奇特的建築，一個比車站
前正在興建的反螺旋高樓還要特殊的帆船建築，所以當《為了心愛的你》的劇
情來到名古屋的橋段時我立即認出這個不可能遺忘的景點。這個名為「綠洲
21」的水之宇宙船同時是一座公園、一個公車轉運站和藝術展覽館，我走進船
底下抬頭望著潺潺水流自天井流過，蔚藍的休憩區讓初秋的熾熱稍稍有了涼
意。

就像在仙台的經驗一樣，我特別喜歡造訪地域性的藝術中心，那裡往往有著非
全國性而充滿地方特色的展覽與當期的公演海報。在我沉浸於牆上充滿設計

感的海報並讚嘆每一張都是一個匠心獨具別出心裁的平面藝術時，我甚至不知道外面已經下過一場大雨，經過雨水洗淨的天空顯得澄澈明透，從這個角度說天空顯得波光粼粼感覺上自己就像水中泅泳的魚，因為從銀河廣場看出去的天空似乎就是一座倒置的湖泊，水流潺潺。在依照劇情撰寫關於名古屋回憶的此時，我想到公園區域裡保存著電影《亂世佳人》的男主角克拉克蓋博與《真善美》女主角茱莉安德魯絲留在此處的手印蝕刻，每個人都有自己的方式留下旅行的足跡，我想除了皮夾內一張張的車票與照片之外，我能夠留下什麼證明自己來過名古屋、看過水之宇宙船？

旅行除了是自己和這個地區的對話，如果能夠加上人與人之間的對談或許就稱得上是完美了。傍晚在準備入場觀賞《阿伊達》之前，一位穿著入時的小姐和我在廣場上閒聊了起來，這是她看過第十五場的《阿伊達》，雖然劇碼相同曲目相同，但是她分享著每一次在不同橋段的舞台上不同演員所帶給她截然不同的感動。我心裡對這齣熟稔的劇碼已經預設大概在何處將會被突破心防潸然淚下，只是我萬萬沒想到用日語詮釋的這個版本會如此精采，曲終人散之際貴子小姐在人群中找到了我，望著彼此略紅的雙眼，我想今夜我們都在劇情當中投射了自己過往的心情。

鮮少在旅途中與人攀談的我，第一次在語言不通的情況下與陌生人有了內心深處的交流，我更改回程的車票在劇場前的旅館住了下來，舞台上留下的感動久久未能退去，或許我可以在這個城市多停留一點時間。泡在旅館的溫泉中，或許因著今晚的劇情使然，心中想起過去那些無疾而終的戀情、關於功名與職場中不如意的種種，許多年少時期以來的遺憾彷彿伴隨著熱氣一一消失在氤氳之中。名古屋的星空少了平日的商業氣息多了一點點的溫暖，再孤獨的人也需要伴侶，再沉默的浪子也需要知音，或許這就是男主角在狼狽逃亡的路途上，終於遇到第一個願意相信他並且幫助他的陌生人的心情吧！

為愛爆發出無比力量
● 母親 ●

「繼美，到了東京之後你就改成這候鳥的名字，跟著北斗星，候鳥和妳就一定飛得回來我身邊。」
——鈴原奈緒，出自《母親》

《母親》
日本電視劇，描述從小被棄養而生性冷漠的女教師，在發現任教班級的學生受到嚴重家暴之後，爆發濃烈的母性，為了拯救受虐的女童，二人計畫連夜搭乘寢台列車一路向南奔逃，躲避記者與警方的追蹤，希望隱身在大城市當中建立屬於自己的家庭。

在新幹線高速鐵路網尚未全面開發之前，藍色寢台列車曾經夜復一夜在日本各地行駛著，在黑夜中披星戴月緩慢地把旅人帶至遙遠的城市。在暗夜中旅人從車窗望出去只看得見天上無數的星辰，因此寢台列車銘版多命名為「銀河」、「月光」與「彗星」。而隨著新幹線的分布日趨完整，這些利用夜間在城際之間長距離移動的寢台列車也逐一消失在時刻表當中。

對鐵道迷而言拍攝列車就像是蒐集蝴蝶標本一樣，在有限的短暫旅程當中要拍攝到每一種現役的寢台列車，對於時間與地點的計算是必須且重要的，鐵道迷莫不希望自己的相簿裡有一套完整的收藏紀錄。目前在日本每夜仍舊定期行駛的五台長距離寢台列車中，關東地區的北斗星和仙后座從上野站出發之後，在一路經過東北進入青函海底隧道最後到達札幌為止，這行駛十六小時1200公里的長途跋涉中，必須更換三個不同的機關車頭以因應交流直流不同路段的電力供給。

北斗星寢台特急取名自在天頂蒼穹的星辰北斗七星，是古時候羅盤尚未發明的時代裡供航海人導航所用；那麼對於活在現代的我們，我想「愛」就是指引我們人生能夠彼此相遇的燈塔。上野站到青森站這一段東北本線的運行區間，早期是以日本國有鐵道JNR委託日立於1968年製造可以在交流直流區間行駛的兩用電氣機關車EF系列擔任機關車頭；但是隨著速度的要求與EF車輛系列的老化，目前逐漸改以三菱電機與川崎重工共同開發的新型EF510系列作為寢台

親情與愛情線 Parenthood Line

北斗星的牽引車頭。往返青森與北海道函館的青函隧道的路程，則一直固定由
ED79型機關車頭在這段海風鹽化腐蝕嚴重的區間作為中段的運輸車輛；而列
車進入尚未電氣化的北海道之後就由在「無煙化政策」下用以替代蒸氣機關車
的DD51柴油車頭併聯來牽引長編制的寢台列車。

在這漫長的夜間旅程當中於不同的運行區段，一組組的駕駛與機組員在漫漫長
夜中不斷地更換，陪伴旅人完成這一段本州東京站與北海道札幌站的遙遠旅
程。深夜在候車室等候著出發的旅人各有不同的目的必須在夜裡遠行，車窗外

閃爍的星辰是種種旅人不同的心情，或者是夫婦的蜜月之旅，或者是到遠方探
親的長者，或者是到遠方求學求職的青年，以及像電視劇《母親》所描述，不
得已必須連夜兼程出逃的母女。

寧靜的深夜寢台列車車廂中，每個座位上的旅客就是一個出走的故事，踏上這
種動輒超過千里的旅程的人們，都有著不足為外人道的心情；從發車的那一剎
那到千里之外的終點站，或者帶著希望出發尋找璀璨的未來，或許有人是帶著
絕望出走尋找另一個全新的出發點。北斗星像是天上的指南針告訴在鐵道上流
浪的人們自己的人生座標，發車時間一到機關車頭燈打亮之後，列車駕駛拉響
汽笛列車關上車門的那一刻就象徵著過去的人生就此歸零，無論天明之後會如
何發展，所有的一切就從此刻重新開始！

融化寒冬之心
●溫柔時光●

來自摯愛的傷害，往往讓我們的心封凍起來不再輕易為任何人打開。這座冰雪凝固的監牢也只有愛的薪柴才能再度融化。

鐵道王國千里紀行

《溫柔時光》

長期派駐紐約分公司的湧井勇吉，因為交通事故痛失愛
妻而無法原諒造成事故的兒子拓郎，斷絕彼此關係後回
到故鄉富良野避居山林經營一家咖啡館，夜夜與心中的
亡妻對話並反省破裂的父子關係，兒子思過反省後也來
到附近小鎮美瑛，藉由學習陶藝的過程與父親接近，希
望最終能取得父親的原諒。

1989年JR北海道所屬的苗穗工廠，以全面展望的概念設計出水晶特急列車，
作為季節性的團體觀光列車，而在2000年之後這輛車便固定於夏季觀光時節
在時刻表上註記以「薰衣草特急」往返於札幌與以薰衣草田聞名遐邇的花城富
良野之間，有別於其他北海道的車輛，行駛到富良野的車輛側線上多半塗有青
綠與紫色薰衣草的色彩作為標示以凸顯這個地區的特色。在冬天大雪紛飛的季
節，大多時候這輛花季列車就靜靜地躺在苗穗車輛基地裡面，皚皚白雪一夜之
間就覆蓋了半個車身，等待下個花季到來。

我在盛夏中來過這裡，也在秋季花期已過略顯荒蕪的時候造訪過這個蕭瑟小
鎮；在淡季時我在附近找到一間傳統民宿住了下來，租台腳踏車四處探訪小鎮
各角落，在經過鎮上的高中校園聽到管樂合奏的聲響，我停下腳步，彷彿回到
高二時候在樂隊的練習室與其他同學合奏的青春時光。我聽著他們演奏與停
頓，那一小節一小節的樂聲停止是樂團指揮在修飾各聲部的音色與表達方式的
空檔，忽然聽到一首熟悉的曲目
時，剎那之間周邊的景色在青春
光譜上突然鮮活了起來，年少一
起合奏的同學面容與自己負責的
樂器分譜上的音符，穿過時空隧
道跟著我一起來到了富良野，彷
彿我們來到這裡一起團練一樣。

雖然是夏天，但是北國的夜總是迫不及待的低垂，看來美好的時間總是無法持久。隨著樂聲繚繞，我沉浸在過往青春歲月的情緒，沒有辦法即時抽離，在這個黃昏時刻我買了冰品靜靜地在車站看著列車零零落落的進出。薰衣草特急只有一天一往復從札幌帶著大批的觀光客到來，而在黃昏時又帶著另一批沁滿花香的旅客離開，在其餘時間裡只有少數從瀧川經由根室本線往《鐵道員》的拍攝地不過三、四站的幾寅方向的車輛，以及自旭川出發以此為終點的普通列車，隨著夜幕低垂透過列車裡的燈光看得出在通勤時間過後乘客已漸漸稀少。

我早在登記入住民宿時看到了和室木門貼著的那張翠綠海報，那是我這一次來富良野的第二個目標，一個隱身在森林裡不受外界叨擾遺世獨立的咖啡廳，劇作家倉本聰專門為《溫柔時光》打造並且在拍攝結束後由布景轉為實際營運的咖啡廳「森之時計」。

《溫柔時光》是倉本聰富良野三部曲的第二部，其中探討生命的本質以及父子之間的緊張關係，包含了體諒、寬恕與接納。炎炎夏日從樹上垂掛而下的昆蟲會在不經意間劃傷人的肌膚，彷彿牠們與冬季的豪雪都是這個咖啡廳的守衛士兵，這個被大自然包圍著的咖啡廳就是劇中的父親封閉自我的療傷角落。聽說以這裡的緯度，在雪蟲開始飛舞後約莫十天內就會降下該年的第一場初雪，當我坐在咖啡廳裡寫著一封封的明信片時，同時也想著現實生活中的你和劇中的父親勇吉都說過的話：「我們永遠都不要再見面了！」我回憶過去十年來自己在工作與家庭上面得到了什麼，在過程當中我又失去了什麼。如果可以，我也想固守在這個角落，靜靜的煮著咖啡然後聆聽每一位客人的故事，聆聽人與人之間內心的對話並從中得到啟發，就是治癒心碎最好的良藥。

劇中的兒子拓郎為了穩定住自己紛擾不堪的心靈，拿著剛出爐的陶坯往左手臂的刺青燙了上去，希望藉由鮮血洗刷自己造成的悲劇而在肉體極大的痛苦中完成自己滿意的作品，一方面這個作品獲得了師父的肯定，二來最終這個傷口

也釋放了父子之間的心結，彼此都獲得救贖。我想到古有干將莫邪為鑄絕世名劍，不惜以鮮血為引跳入鎔爐以成名器，我在人生最精華的時間錯過了一段生命中最重要的情感，或許我需要像虹吸咖啡的蒸餾瓶一樣，一點一滴地癒合心裡留下的傷口。我決定靜候你那顆全然冰凍的心，看看要經過幾個冬季你才會融化回到我的身邊，就像這座咖啡廳的名字森之時計一樣，這片森林會替我記載下四季守候的點滴心情，為你！

原諒你，我才能真正寬恕自己！
●風之花園●

死亡是必經之路，但是這不是人生的終點，而是另一個輪迴的開始。

《風之花園》

背叛了妻子與兒女的麻醉科醫師用一段一段的愛情來忘掉自己因為道德上的淪喪被父親逐出家門，懦弱的個性只能經由故鄉的親友知道父親與子女的近況，在發現女兒的不倫戀情與自己的病情之後，決定在人生的最後盡自己身為父親的責任。

以大正時期建築風格和弘前的舊青森銀行齊名有著湖水綠外觀的渡部醫院，就位在富良野小鎮中央，離鈴蘭黃昏市場不遠，這樣的市集聚落樣態讓我覺得熟悉親切，這裡是倉本聰富良野三部曲第一部《來自北國》女兒黑板螢任職的處所，也是《風之花園》中白鳥爺爺行醫的所在，渡部醫院服務了小鎮的醫療也成為倉本聰先生說故事的配角。

如果說由本木雅弘主演的電影《送行者》是表彰了對往生者最後的敬意與尊重，那這部做為日本富士電視台開台五十周年紀念劇的富良野三部曲最後一部《風之花園》，就是充滿了對於癌末病人的安寧治療與人道關懷。在演員的選擇與角色的設定上，倉本聰做了二個頗具衝突的安排：小鎮醫生白鳥貞三爺爺是個人道主義者，每天開著破舊的小車四處往返病人家中，對於不須轉送大醫院接受積極侵入性治療的病患進行安寧照護，他認為醫師的職責除了拯救病人的身體之外，必須同時考量到病患的內心掙扎與尊重癌末患者是否接受繼續在生死邊緣煎熬的決定。

相反的，白鳥醫生的獨子白鳥貞美在東京的教學醫院主修的專科就是麻醉，在病患進行大手術之前之後協助減輕痛苦或者用安眠藥、麻醉藥短暫麻醉病人的身體，就像懦弱的他沉溺在女人溫柔鄉中麻醉自己，不敢也不想去面對遠在故鄉富良野的殘酷過往；麻醉科醫師能減輕肉體的痛苦，卻無法使病患或自己的心靈得到真正的救贖。

而由姐弟一起照料的「風之花園」其實是由二個完全不同所在的景點剪接而成，一個是遠在旭川的溫室花園，一個就是我眼前這棟森林邊的小木屋。房中留有父親與兒子一起演奏的老鋼琴，老舊的地板行走時其上還會軋軋作響，可以看出歲月的痕跡。我來這裡看看所謂人生的終點，尋找一個讓未來靈魂可以棲身的角落。

離開風之花園所在的新富良野飯店回到富良野車站後，又是一個在這裡體會小鎮黃昏的時刻，緊鄰著鐵軌的民宿門前有一個地區性的看護學校，圖書館就在學生宿舍旁。我和昨天一樣看著一班班列車進站出站，只是今天我同時看著自習中心裡面埋首書卷的學生們想著他們所受的醫學教育，想著戲劇與人生有時真的很難區分二者的界線。劇中飾演爺爺的資深演員緒形拳在拍攝期間已經是肝癌末期，生命如風中殘燭，他在劇中教導病人面對死亡、協助浪子回頭的癌末獨子偷偷回到富良野進行最後的療程，而現實中他自己也在面對著即將到來的人生盡頭。一共有三個不同形式的死亡橫亙在他的眼前，緒形拳依靠著麻藥不願影響眾人排戲進度，勇敢的撐完全劇的拍攝最後在本劇開播的前五天赫然辭世。

倉本聰這富良野三部曲中的最後一部就是終極處理生命與死亡的議題。就像某些種類的非洲大象在預知生命盡頭之前，會默默的選擇自己永眠之處，離開群體自行走到森林深處等待那個時刻到來一般，貞美購置了一輛休旅車停在風之花園對面的森林裡，他選擇在生命的最後一段旅程與父親跟子女共度！倦鳥既然歸巢，那生者當然就得讓其心無罣礙、對塵世毫無眷戀並且勇敢放心地踏上另一場旅途，過去一切錯誤所造成父子關係的決裂也頓時煙消雲散，而這就是人生。

通常我們需要在一個地方待上多久，才會讓自己對這片土地產生一種故鄉的依戀？如果我們放眼在喜怒哀樂、生老病死二個面向上，其實每一個人的命運都

是大同小異。三十多年來倉本聰的劇本透過一幕幕的劇情與一句句的台詞，希望把世界與人類的心靈提升到更寧靜優雅的境界，容我借用美國作家兼詩人格特魯德‧史坦因（Gertrude Stein）的名言，來說明在富良野待上了三天之於我人生的意義：America is my country, Pans is my hometown. 台灣是我的國家，富良野是我的hometown。同樣是個適合以腳踏車遊歷的城市，京都過於巨大深遠，一部自行車無法承載那麼多的歲月與人文歷史，相對地富良野剛剛好的騎乘距離就可以醞釀出類似鄉愁的記憶，祈願生者終能獲得平靜、往生者終得永恆安寧。

人生所有滋味

● 來自北國 ●

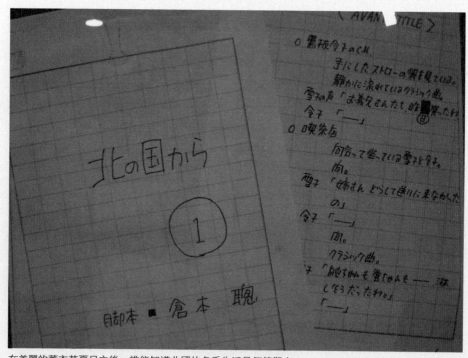

在美麗的薰衣草夏日之後，誰能知道北國的冬季生活是何等艱辛！

《來自北國》
劇作家倉本聰經典名作。故事描寫妻子外遇的丈夫帶著
兒女離開東京回到故鄉富良野，三人在北國歷經春夏秋
冬四季生活的嚴峻考驗，在一無所有的廢墟當中重新建
立自己的家園，重新修復彼此的親情。

2004年秋天來到這裡，正如早已錯過了夏日的薰衣草田與四季彩之丘，更錯
過了人生中青春正盛的璀璨年華，當時並不知道火車站旁邊的「來自北國資
料館」當中，就已經完整地描繪一個人一生當中將會經歷的悲歡離合與喜怒
哀樂。早在富良野成為觀光景點之前，劇作家倉本聰於1981年就以富良野的
自然四季作為舞台，藉由畜牧與耕作的人們為背景寫下了電視劇集《來自北
國》，並且在之後的二十年之間以相同的演員班底隨著他們的人生歲月繼續推
出了八部特別篇。在《文藝春秋》雜誌2012年3月號中，倉本先生繼續以東
北大震災的海嘯為主題，繼續撰寫每一位主角在災後復興過程中的故事。

長達三十年的歲月，我們伴隨著故事當中的人們成長，也跟著劇中的人物老
去。對於觀眾來說這是一個探討生命本質以及家庭成員間的故事，而對於參與
演出的演員來說，這其中的過程更是一個包含了體諒、寬恕與接納的體驗旅
程。演員隨著劇情成長，在所有的觀眾面前相戀與結婚生子，甚至連女主角中
嶋朋子的親生孩子都參與演出的行列。

人生漫漫長路，這是一個螢幕家庭成長的過程，而北海道的開拓歷史就是一部
部人生奮鬥史的總和。《來自北國》每一個細節都在傳達對我們每天習以為常
的水電設施、食物來源以及交通便利，這些我們認為理所當然的事物在廣袤的
北國原野中是何等的艱難，食衣住行在暴風雪當中更顯得辛苦，開拓屯墾的腳
步也伴隨著許多不可預知的風險。整片廣闊的富良野地區都是取景的景點，每

一個橋段都用這個小鎮的風土民情說明北國的生活點滴,並激起了生活在北國地區民眾的心中共鳴。

對於來自南方溫暖國度的我們,也因著本劇豐富了對於北方雪國的想像,於是我們在夏天趕在僅有的花期中奔向薰衣草田。隨著電視特別篇持續在之後的二十年間接續的製播,薰衣草特急帶來一波波人潮進入這個小鎮,富良野憑藉著一個劇作家的創作就促進了整個城鎮的觀光文化,舉凡相關道具、佈景等每一個可以為本劇留下的足跡都存放在富良野車站旁步行可達的來自北國資料館

我們的青春跟著吉岡秀隆與中嶋朋子在富良野成長，我們的年華也同時隨著田中邦衛與竹下景子在富良野逝去！

中。博物館內完整的記錄了同一批演員在二十年間的種種，除了二十年來出現在該劇中的所有演員的肖像外，也可以看到小鎮市民和鎮上街道隨著劇情一一入鏡的紀錄，參訪過程中隨著主題曲悠揚的旋律響起，一股莫名的震撼便襲上心頭。就如同入口處所寫：「走進這裡，就彷彿走進黑板家的這二十年。」在這一刻自己好像也隨著劇情走進了這個故事一般，自己的過往歲月也按照劇集播放的年份一一在心頭浮現。

黑板螢在車站送走至親與摯愛的場面是該劇歷來的最高潮，是導演刻意在平鋪直敘的緩慢節奏中最具情緒張力的一幕。如今那些曾經被追逐的舊國鐵型車輛已然消失在時刻表中，或者棄置在苗穗工廠旁的軌道上任由白雪覆蓋，或者與其他舊型車輛並排在小樽鐵道博物館的室外展示區任其日曬雨淋，我不清楚舊型國鐵車輛曾經走過了如何的風華，但是我深刻的感受到他們現在所走入的斑駁滄桑，一如我幾乎無法分辨哪些劇中的表達是真實世界男主角吉岡秀隆的喜樂，而哪些只是劇中的屬於黑板純的憂傷。

天地合，乃敢與君絕
●北見國之濱●

大雪開始飄下，這點厚度還不足以覆蓋我的懊悔、我的絕望。我要到那極北之地，
在冰封的盡頭親手埋葬我的愛情！

昭和年代末期堪稱是日本歌謠的黃金年代，這類歌謠將類似自傳體私小說的簡單歌詞譜上音符，讓演唱者把自己私密的心情演繹給觀眾聆聽，在日本與美空雲雀齊名的千秋直美於 1972 年秋季推出的單曲「喝采」就是這種曲目翹楚中的翹楚。據傳當年底她以二十五歲之姿獲得日本唱片大賞，於領獎的舞台上演唱「喝采」時，真實交錯的生命背景是三年前尚未成名時，在候車室拋下情人獨自遠赴首都尋求星夢的義無反顧，卻在自己得獎時刻演藝生涯如日中天到達頂峰，舞台下傳來眾人無數喝采聲但也同時在上台前接獲了情人赫然辭世的消息。自此之後每當舞台上的布幕升起，耀眼的燈光向她傾洩而下的時候，千秋直美就會想起自己不知所措的在岡山縣淺口郡的小鎮鴨方，唱著自己的成名曲獨自憑弔逝去戀人的光景；在孤身一人的候車室中，她體會到「愛情」與「成功」顯然已經永遠的失去了其中之一。每每觀看著千秋直美近四十年前的影像紀錄，我都會想起台灣西岸鐵道那個有著美麗名稱的小站通霄。

在無盡的夜裡搭上長途夜車好好將一段戀情整理一遍似乎是件美麗而浪漫的事情，只可惜台灣鐵路距離過短，沒有那種通宵達旦夜行千里的寢台列車生存空間。而新幹線在 2015 年越過青函海底隧道直達北海道之後，二班分別從上野與大阪出發以青森為終點的寢台列車也將從時刻表上消失，成為了上一個鐵道世代的記憶。在本州與北海道的中繼站青森，我在候車室當中看著一旁的其他乘客，想著這些同樣搭乘夜行寢台的人們在候車室當中是用什麼心情等待最後一班列車的到來？是為了什麼樣的事情必須趕在天亮之前就要抵達遙遠的彼方？

2004 年第一次搭上鄂霍次克海特急，是在前往紫色大地富良野的轉乘過程中的意外，當天清晨旭川一反過去幾天的好天氣，起了一陣大濃霧，伸手不見五指中鄂霍次克海特急緩緩駛進月台。我查看了手中的時刻表發現這是一趟五小時以上的旅程，還來不及思索人生有幾次機會可以去到只有地理課本才會記載的地方時便踏上列車，倉促的在自由席當中找了個靠窗的位置坐下，在濃濃的

大霧當中朝著未知的終點站移動。

漫長的顛簸過程中映入車窗的是北國特有的森林樹種，一直到抵達終點站網走蓋完了當站的紀念戳章，我看著筆記本蓋上的印文寫著「白銀大地與流冰之站」，在詢問了站務人員站內一張旅遊海報的地點後，便繼續搭乘釧網本線的單節普通車前往北濱。到站之後又繼續行走了約半個多小時才找到海報所拍攝的地點，晚秋11月底還看不到嚴寒零下20度從鄂霍次克海飄過來的流冰，那種當地人稱為「流冰接地」的景象就是當海上流冰逐漸進逼海岸線，最終與陸地結合在冰雪中成為海天一色分不清海洋與陸地界線的磅礡奇景。

我信步走回北濱等待返程的列車，走進這個荒涼的無人車站躲避寒冷的海風，在木牆上我看到了滿滿來自各地的旅人所釘上的名片。我一張張的看著每張名

片的姓名、所屬公司以及地址，還有各種國別的語文卡片與照片，每個旅人在這裡用自己的方式留下屬於自己的足跡。我入境隨俗的從皮夾拿出一張自己的名片釘上了牆板，2004年秋天的那一刻，我還不曉得這座車站在我未來人生中的特殊意義。

十年無聲無息的過去，隨著工作跑道的轉換，人生旅途不斷有著新的風景，當我再一次於2014年以鐵道進行列島大縱走的時候，我覺得自己必須再去一次北濱，一方面想看看當初的名片還在不在，並且我想釘上自己最新的一張名片，或許這就是我職涯中最高職位的一張名片了吧。只是我的名片夾當中還有另外一個人的名片，一段足以證明曾經彼此相戀的信物，十年來我已經習慣在深夜作息與思考，日以繼夜地為自己的前程努力爬上更高的位置，只是當爬上人生頂峰時，終於我也來到了必須藉著這種長途跋涉的夜行列車為自己療傷的時刻。搖晃無比的普通寢台車輛並非一種舒適的旅行選擇，但是這種方式與氛圍卻最適合需要在無盡的深夜裡反省過往的旅人搭乘，十年後的我在無奈與絕望中有了和千秋直美那首歌所描述的同樣心情。

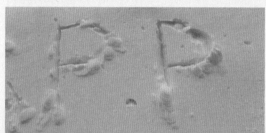

我把你我的名片一同釘在鄂霍次克海這
無人車站的木牆上,從今以後所有與你
的回憶就永遠留在這裡。天地既合,等
到那片寫下你我姓名的雪牆融化之後,
我就不再想你!

鐵道王國千里紀行

有人來這裡許下願望，有人來這裡憑弔愛情，有人來這裡履行承諾。而我，來這裡冰封回憶。

這一次的北濱站，來自地平線的流冰擠壓著陸地產生隆隆低鳴，深厚的積雪已然分不清哪裡是陸地哪裡是海洋。「天地合，乃敢與君絕」不就是在說這樣的景象嗎？我拿下手套徒手在站外的雪丘刻下了自己和情人姓名的縮寫，在結凍的冰上留下的一筆一畫都痛徹心肺，我突然想通眼前每一個留下足跡的旅人們或許也同時在這裡留下了只有自己才知道的秘密。一張名片就是一個願望，一紙字條就是一個時空膠囊，等到時間或心情合適之後再過來取回或打開這個記憶寶盒，我開始不自主的反覆哼唱千秋直美的「喝采」，直到返程列車緩緩進站，我就把關於你的一切留在這裡從此不再回首顧盼。

分離是重逢的開始

● 離婚萬歲 ●

誰能和你在這斗室經過一夜十六小時的顛簸，或許他就是你人生最好的旅伴。

鐵道王國千里紀行

186

上野站是往東北地區的門戶，對於從東北地區到東京都的旅人來說，上野就是
一個玄關，是一個全新未知旅程的開始。在車站內不同樓層之間的月台，依照
車輛的種類停靠著不同的列車，在地面層從13月台至17月台，是一排終端式
月台，除了停靠通往高崎上越地區的普通列車以及觀光列車草津與水上特急之
外，在日落前後北斗星與仙后座寢台特急出發前半小時的整備時刻，與早晨八
時許二列寢台列車相繼進站同時停靠在月台兩側的瞬間，是聚集最多人潮的時
候。

只要列車沒有因大雪或其他事由延誤或者遇上仙后座歲修的季節，要同時將二
輛寢台列車拍入同一畫面的機率相當高。但是即便如此，多年來在上野站進出
等候的我終究也只有成功過那麼一次：仙后座專屬塗裝EF81系列的牽引車頭
在成為絕響，由EF510系列取代之前，這唯一的一幀北斗星與仙后座合影的畫
面在寢台列車即將完全消失前，成為我收集寢台列車的過程中一項特殊的紀
念。許多文人雅士都搭乘過北斗星從遠方來到東京，對於那些乘坐傳統寢台在
天亮時抵達終點站上野第13月台的人來說彷彿這是一個成年儀式，一個值得
許多攝影家不斷拍攝那些關於自己走過的足跡，走出第13月台之後一切都是
未知數。在長途夜車上的那一夜我們告別青澀的歲月，從這裡下車之後就是自
己的成年禮，在這偌大的都市叢林中尋找自己的定位。

有趣的是，上野車站特別為這二輛寢台列車的乘客打造了一間豪華的候車室五

星廣場，以第13月台為起點或終點的仙后座寢台特急，跟從大阪到札幌的日
暮寢台特急一樣，具有廣闊視野的一號車展望台蜜月套房始終一位難求，整輛
列車的各個房間所流露出的氛圍洋溢著一股浪漫幸福的味道，就像是一個移動
的高級旅館一樣，這是最佳的求婚或者蜜月旅行場所。長達十六個小時在相對
狹隘的空間獨處，絕對能夠考驗著二個人的戀情。在這樣的氣氛下我想當乘客
抵達北海道的札幌時，每個人都在下車那一瞬間穿戴上暖暖的情意而不會畏懼

北國嚴寒的大雪，與北斗星幾近完全重疊的旅程只因著列車的外觀與內裝設計，就使乘客的心境截然不同。所以我很難想像，是什麼樣的人會在這豪華的食堂車中提出離婚？

雖然說這只是電視劇情，但是311地震讓許多原本隱藏在心底深處的人性，因著眼前的巨大災變傾洩而出。新聞報導在劫後餘生一切稍微安定下來之後的那個夏季，結婚率瞬間飆高，或許每個人在面對不可知的未來與生命的脆弱時都會選擇相對安定的生活然後就此安身立命；就像我沒有打算再繼續流浪，但同時我也沒有計畫和別人開展未來。在札幌站拍攝完嚴重誤點的北海道段仙后座藍色DD重連車頭之後，不知道什麼原因，我在厚厚的站外雪牆前脫去了手套，徒手在雪上寫下「愛」這個字。這刻印或許很快會被更多的雪花掩蓋，或者一夜之後被陽光照射就完全融化，關於仙后座種種幸福的聯想，在歷經四年多這麼多波折之後，我還是天真的在冰雪中許下了一個微小的願望：希望在多年後的某一天或許能夠越過重重障礙，一起在溫暖的斗室中搖晃十六個小時行經千里，來這個新天新地重新寫下愛的篇章。

在茫茫人海中遇見你
●向月行舟●

請你和我一起在愛情海上划著扁舟向著滿月前進，好嗎？

《向月行舟》

名劇作家北川悅吏子以岐阜縣郡上八幡為場景創作之鐵道特別劇集，描繪一出版社之總編輯在車站偶遇失明美女後，彼此在此古美濃國境之小町共度一日時光之純愛小品。

自從2014年10月4號鐵道特別劇集《向月行舟》播出之後，我沒有一刻不在想何時可以出發，把長良川鐵道的溪流與郡上八幡的美景拍攝回來收錄在這本書中；所以千里迢迢前來，花了一個整天的時間進入古美濃國境內完成這趟鐵道體驗。

因為無論出書與否，我都私心的不希望《向月行舟》這麼美麗而且貼切我書寫主題的故事讓另一位說書人傳遞出來，因此她原本不在這本遊記的規畫當中，甚者關於在稍後一星期播出的《妻子的新幹線》也是利用手邊既有的素材即可完成，《向月行舟》就這麼橫空出世闖入我的世界，激盪起我原本寧靜許久的心情。整齣戲在起承轉合之間處處流露出恬靜雅適的氛圍，以及在一個遺世獨立的車站中，光靠男女主角的演繹搭配著古樸車站的裡裡外外就完成了一個純鐵道的故事，這完全符合我「以車站為舞台，用火車說故事」的旅行原則！用長良川鐵道上的一則淡淡的愛情故事當作日本鐵道旅行的終點，之於我殘破的愛情旅途所產生的補償心理以及對過往故事的體驗，用這一整天的旅程來一一回顧，我告訴我的朋友，人生中的最後一塊純愛拼圖就要完成。

在出發前的規劃過程就突顯出要抵達郡上八幡站這個遙遠車站的困難度，從名古屋出發到美濃太田，再轉乘長良川鐵道經過一條條清澈的溪流之後，看似簡單的規劃卻由於銜接車班的時間與住宿的考量，讓這一趟旅程途中出現許多等車換車的空檔——我們在愛情的旅路上是不是也是這樣？一個旅伴陪伴你經歷

幾個四季幾個寒暑？在更換不同旅程之間，我們都必須重新再一次的等待與尋找能夠並肩而行的新夥伴，在等待他出現的那些個寂寞的夜裡，思緒是那麼的清明，目光是這麼的透澈，就像警覺到進站的列車汽笛聲一樣，我們被寂寞折騰得敏感到一個眼神與動作就可以知道這些日子以來等待的答案就是他了！

我到了郡上八幡迫不及待地坐上和久井映見在月台上等待情人的座椅，與車站候車室聆聽谷原章介朗讀情人書簡的位置上，再一次藉由劇情回顧與過去自己那些情人們的點點滴滴。昨夜留下的殘雪把整個古意盎然的車站點綴出盈盈詩意，我喜歡一個人擁有整個車站的感覺，一個人擁抱整個故事，一個人徜徉在舞台當中，尤其是這種出自純愛劇作家之手的圓滿結局的小品故事，只要走進他們建構出的夢幻世界彷彿現實中的苦痛就不存在。氣溫過了正午就急邃下

降，片片冰霰從天空落下，我走出站外在同樣的販賣機買了同樣的咖啡坐在木椅上看著站內光影的變化，無人化的車站連北風的聲音都沒有。對於失去視力的人來說能夠感覺外在世界的憑藉就只剩下聽覺和溫度了，我反覆就著溫熱的瓶身感受這唯一的溫暖，從來沒有一刻是這麼希望身邊有一個人可以分享眼前的驚奇與喜悅，當孤獨的背包客需要旅伴同行時，我想所謂的流浪就已經畫下終點。

雖然車站已經空無一人，但是從昭和時期國鐵建站以來的點點滴滴都被完好如初的保存在車站內一個小小的斗室，一個就地取材的迷你型鐵道博物館，從票軌、貨物磅秤、站務行政用品到危機通報用的電晶體收音機等等五應俱全的在站內被保存著。你是不是也跟我一樣會保存著關於情人的點點滴滴？這些生活

身無彩鳳雙飛翼，心有靈犀一點通！

上的瑣碎事物是日後回憶的憑藉也是這段愛情存在過的證據，我想協助建立這個鐵道館的人們對於這條線路與這個車站絕對抱持著相當深厚的情感吧，就像替自己的愛人保留下每一個足跡一樣，從昭和十年（1936）開始到現在近八十年的歲月，這一定是一段綿密長久的愛情了。

撰寫這一篇的遊記過程，步調在現實的柴米油鹽與當日情景中交替轉換，但是就像一場美夢般，只要開啟這一段落的相簿，思緒就又會回到那一個白雪皚皚的冬日午後，那一個獨享車站的時刻，那一個內心對走到終點充滿感激之情的心境，就像《金大班的最後一夜》金兆麗回首顧盼眼前的一切。離別之際我看著作家筆下被形容為一葉扁舟的列車緩緩駛進車站，那一天的霏雨和細雪交替的在站外飄落，黃昏已近，我無法得知今天月亮的盈虧，但是我相信此時此刻自己也像劇中人一樣，坐著小船向人生的滿月前進。

郡上八幡這裡有最古老的木造古城，只是沒想到在車站裡也保存有舊國鐵時代的一切鐵道寶物！

絕望才是愛情的盡頭
●令人討厭的松子的一生●

「我從來都沒有搭過新幹線，反正都要自殺了，那就在死前痛快的搭一次吧！」
——川尻松子，出自《令人討厭的松子的一生》

《令人討厭的松子的一生》

山田宗樹的小說作品，發行量超過120萬本，並改編成電影。故事描述松子一生追求愛情，每一次失戀都是人生的結束也是重生的開始，但是為何從人人尊敬的教師，最後淪落為殺人逃犯？最害怕寂寞的女人為何最後選擇在荒川堤防獨身生活而終日望著川流不息的大河哭泣？

從未經歷愛情洗禮的人們，誰不希望有屬於自己瑰麗的故事，體驗浪漫甜蜜的情節。熱戀時，面對再無情的戀人也都擁有無窮無盡的耐性與義無反顧飛蛾撲火的激情，直到我們發覺所有的故事都僅僅像張愛玲最後的感嘆，所謂生命不過像是一襲華美卻爬滿了蝨子的袍子，這就是松子從常磐線火車上經過荒川鐵橋看著進入眼簾風景的心情吧！

總以為體會了和別人一樣的愛情，但是實際上荒川的夕陽跟從筑後川那頭看過來的風光並沒有多大的不同。只是仍然執著地棲身在城市的角落等待下一次愛情的降臨，幻想能不能有那麼一刻自己也能像童話的主人翁一樣，有著不可思議的奇遇與渲染著夢幻光芒的邂逅。然而這渺小的盼望就像從南千住這個貧民窟遠眺不遠的天空樹一樣，愛情不僅遙不可及而且高不可攀。

第一次來到堀切站是極其興奮的，但北國的冬季日照結束得太早，原以為這只是因為時間上的關係，第二次提早在夕陽西下前造訪荒川鐵橋堤防邊的棒球場之後，我才發覺這裡是注定黑暗的角落，連夕陽餘暉都照不到的一處荒涼之地。光線向來是神奇的魔法師，而我們常常迷惑在愛情的光影之間，不知道是無可救藥的不可自拔還是一廂情願自顧自的浪漫。

人們大多乘坐京城電鐵直達天空樹所在的押上站一睹東京最新地標的風采，我唯獨為了《令人討厭的松子的一生》最後一個場景二度造訪這個只有當地人通

勤出入的小站堀切。我想來看看松子在絕望中所看到的最後幻影,我想坐在同
樣的堤防看看松子眼中的夕陽,一輛輛常磐線與京城本線的列車在不同的鐵橋
上不停地呼嘯著通過荒川進入東京,這個世界的節奏並不會因為松子的心碎而
稍作停留。

這才是人生本來的顏色，電影裡面的愛情都只是後製軟體修出來的假象！

和別的故事不同的是，經過這個景點的列車沒有新幹線的高速快感，也沒有觀光列車的華麗，我眼中的朝朝暮暮就像這些普通列車一樣，不需要華麗的文案包裝或塗抹上繽紛的色彩，只要你每一日忠實的經過我的門前佇足片刻，那余願足矣。松子從來都不是個懦弱怕死的人，松子害怕的只是寂寞，那麼太宰

治寂寞嗎？引用太宰治《人間失格》一書當中貫穿整部電影主軸的思想，「生而為人，我很抱歉」那是一種什麼樣的意念？我在堤防上看著一個踢足球的學生、看著一對瑟縮在河岸邊依偎的情侶，直到最後一個慢跑者經過我身邊、問我時間以致打斷了我的思緒之前，我反省著在自己的人生當中我也是一個害怕寂寞的人嗎？還是我已經習慣了寂寞而任由自己在歲月旅程中隨波逐流？

想起了在青森縣五所川原站取景時，目光一直無法忽略棄置在車站一旁的斑駁列車，彷彿那就是愛情真實的模樣，我想，那就是松子破碎絕望的心情吧。說不定，川尻松子的一生，就是由外甥川尻笙一步步整理她遺物過程當中編織出的一幅完整的愛情拼圖，一個只求付出不求回報以愛為生的松子的一生。我心亦然。

沒有一台車會永遠的孤單。就算被棄置也會有人靜靜地從遠方眺望，就像沒有人是註定孤獨的。

在對愛情絕望的時候，松子的人生徹底結束了。
但是我還沒有放棄，所以來到這裡，來到看不見
希望的南千住日之出町的荒川岸邊。

淡淡的青春戀慕
●伊豆舞孃●

天城山中的雕像縱然鏽蝕，但是看得出來初戀的顏色永遠都是青綠一般的苦澀。

《伊豆舞孃》
日本首位諾貝爾文學獎得主川端康成的短篇小說，曾六度搬上
銀幕。故事敘述獨自到伊豆半島旅行的青年在山間偶遇賣藝的
舞孃，彼此含蓄的傳達在旅途中產生的淡淡情愫與最後終將離
別時的幽幽哀愁。

張國榮的告別演唱會中所演唱的最後一首歌「風繼續吹」的原曲，其實是
1980年在日本藝能界聲勢如日中天的女歌星山口百惠的最後一張專輯主打歌，
都是二人在告別歌壇時最後的回眸，淒楚的曲調都感動了無數的香港與日本歌
迷。山口百惠在二十二歲事業最高峰決定下嫁電影中合作結識的三浦友和，依
照日本人男主外女主內的傳統，她在武道館告別演唱會放下麥克風之後，便再
也未曾回顧這短暫卻燦爛的演藝生涯。

山口百惠眾多膾炙人口的作品中最為人所稱道的，便是她與三浦友和共同演出
川端康成的名作《伊豆舞孃》，這是歷年來六個演繹版本中最為人所懷念的。
伊豆舞孃這個角色自1954年以來在每個世代都有當時期的巨星挑戰這個平淡
壓抑的青春故事，如美空雲雀、吉永小百合等人，都在青春正盛時詮釋過這位
隨著兄嫂四處賣藝流浪的舞孃薰子。

這是我第一次造訪日本，第一次仔細的在時刻表當中研讀查詢該如何從京都搭
乘光速號新幹線到小站三島，第一次知道JR國鐵券與私鐵路線之間共用的軌
道共構路線要另外收費，當然也是第一次如此深度的以單一主題依照旅遊書的
記載，按圖索驥完成旅行。從三島站一出來便可以看到縱貫半個伊豆半島的私
鐵伊豆箱根鐵道，時速300公里的東海道新幹線和地方普通列車在速度上的落
差或許顯得有些突兀，但是從綿延不盡的單軌鐵道上回頭看著列車在搖晃當中
逐漸遠離的都市景色，心情不知不覺的也走進了川端康成以緩慢優雅的文字堆

砌出來的節奏。列車穿越過一望無際的田野後停靠在終點站修善寺，我的旅程自此進入與川端筆下那個青澀大學生川島與舞孃薰子初嚐暗戀情愫的故事交叉點。

在換乘東海巴士進入天成山步道之前，還得在山下等上好一陣子，那是一個秋意甚濃的陽光午後，待在候車室裡的時間漫長得都足以把這個短篇小說重新讀上一次。當時我其實不太明白這麼短的一篇故事這麼清淡的一段敘述，何以讓旅人前仆後繼的前往造訪？若說在大都會中一個人的鐵道旅行是一種出了車站淹沒在人海中的茫然，那這種深入崇山峻嶺的文學之旅便是一種莫名的浪漫。

在這次實驗性的旅程當中，我的目標就是看看是否能夠光憑藉著旅遊圖鑑上有限的說明，來找到小說電影中提到的景點。

車程在山路中幾經輾轉到達了的最靠近瀑布初景瀧的車站水垂，既名曰「初景」，就是故事中川島決定從一個若有似無不經意的偶遇者，變成尾隨舞孃一行人正式旅伴的轉折點，電影中分別在初景橋兩旁天真浪漫的山口百惠與旅館二樓的三浦友在晨浴中彼此兩相對望，二人開始萌生了淡淡的情意。初景瀧這個景點吸引人之處除了高達二十七公尺的瀑布景觀之外，更引人遊興大發的就是為了紀念該部作品在此瀑布邊所鑄造的薰子與川島的青銅像。當交通工具一一更迭最後只能憑藉著雙腳獨力尋得這二尊隱沒在山城中的塑像時，正是所謂尋幽入微的最高潮。

在這趟自助旅行出發前我才剛結束了一段長久的情感，並且經歷了公司最大的風暴。時隔十多年寫下這一段旅程，耳邊依稀聽還得見瀑布由高往下衝的轟隆水聲，內心也揚起那雕像初入眼簾時所產生的悸動，我需要這樣的純愛故事來撫慰當時受創的心情。因為，我就是那種對情感極度依賴的人。

在河津七瀧地區隨著巴士繼續往前，行經綻青色的迴旋大橋，幾個360度的大迴旋正好可以完整的看遍這滿山遍野的楓紅山景，直到在河津站不明就裡看到了 JR 東日本的觀景列車 Super-View 伊豆舞孃號便跳上車，繼續往伊豆半島最南邊的下田港走去，我想充分的體驗通篇故事的每一個細節。下田，這個美國培里提督率黑船叩關後取得通商的第一個日本港口，小小的鎮上充滿了當時紀念幕府開國事蹟的碑文與雕像，我徐徐在下田港看著逐漸駛離港口的船隻聽著百惠的最後一首歌，我想起了電影中川島與薰子告別的景象，想起殞落的張國榮。在呼嘯的海風中似乎可以感受到隱藏在山口百惠悠悠的歌聲中那種日本人壓抑但又在內心翻騰不已的情感，川島在夜船當中想起了躲在遠處為自己送行的薰子無聲落淚，但是夜闌人靜有誰與共？而風繼續吹！

美麗的下田港已經沒有哭泣的舞孃，只留下被異人黑船攻陷的屈辱印記。

你是否還在交友網站尋找另一顆寂寞的心
●東京灣景●

在芝浦埠頭這邊粗鄙的我與身處台場高貴優雅的你，
我們跨越了彩虹大橋的兩端找到彼此最真誠的心！

《東京灣景》
吉田修一的小說原著所改編成的電視劇。彩虹大橋一邊
是豪華的台場，一邊是品川貨運集散中心，身處東京灣
兩頭社會階級懸殊的戀情，交雜了歷史日韓仇恨的情人
是如何相遇？是如何修成正果？

為了迎接 1964 年的東京奧運而在港區建設的東京單軌電車，以山手線濱松站
為起點直通羽田國際機場，透過環繞整個東京各站的山手線與神奈川縣駛進都
內的京濱東北線銜接，現在是主要進入日本玄關的列車路線之一。昔日廣闊的
汐留貨物站與日本早期的鐵路發祥地新橋站之間的一片車輛基地目前已經改建
成高樓層商業大樓，並且從新橋站開始建設行駛跨越東京灣彩虹大橋，連接港
區芝浦埠頭與海埔新生地台場的百合海鷗號於 1995 年開始營運。

承襲了汐留地區貨物車輛基地的工業區風貌，彩虹大橋在港區這端仍然是大宗
貨物運送的集散基地，而相對在臨海副都心開發計畫下建設的新觀光據點台
場，則在彩虹大橋的另一端閃耀著嶄新的都市樣貌，沿線景點包含了國際展覽
館、葛西臨海公園摩天輪，以及台灣主要日本電視劇集來源的製作地：一棟具
有極度超現代風格的建築富士電視台總部大樓。

在彩虹大橋兩端生活或工作的人們各自在金字塔社會中呈現出不同的階級樣
貌，而作家吉田修一以這座彩虹大橋為對立的界線，營造出一個跨越國界與社
會階級的浪漫愛情故事，對於鐵道迷來說，有什麼樣的愛情比在鐵道運行的列
車上展開、兩個人一同望著遠方東海道新幹線徐徐的開啟了內心的對話來得浪
漫呢？透過交友網站認識的主角二人坐在從羽田機場通往東京市中心的單軌電
車上，一台剛從品川出站的藍帶新幹線 700 系成為這一幅愛情構圖的元素。坐
在列車上的人隨著行駛的晃動在初相識的第一眼後內心盪漾悸動著，那台急速

駛離的新幹線就是兩顆驛動的心從此如脫韁野馬一般尋找對方心靈契合的象
徵。

鐵道迷的旅程不是只有不斷拍攝各式火車或研究枯燥的時刻表，更多時候我們
因為愛情而選擇用鐵道來出走，而在鐵道旅途中咀嚼愛情的滋味反芻再三。有
些情感之所以綿延不斷便是二個人在生活當中在最基本的生活步調上有了同樣
的節奏，一旦有相同的期待二個人之間便跨越了心的藩籬。最擅長製造如此瑰
麗幻想的一種是作家，二來就是以作家的文本為基礎並加以發揮的電視台。在
鐵道之旅當中東京灣景這一段有著最平常的東京單軌電車，卻也有著建築外觀
上最不平凡的富士電視台，導演與編劇就利用眼前的彩虹大橋為觀眾編織了一
個粉紅色的夢想：百合海鷗號的路線在離開濱松站後，一路跨越彩虹大橋延伸

到了夢想孵化的這個地點，從這裡可以俯瞰整片東京灣景，從市區到這裡也跨越過了戀人的階級界線。

吉田修一最擅長在基本生活場景中營造小市民的生活、小市民的愛情，使用眾所皆知的場景讓閱讀或觀賞的人產生夢想的共鳴，藉此營造出最深刻的心情感受，彷彿日復一日自己所搭乘的電車上也正上演著那即將要發生在自己身上的愛情。走在台場海濱公園裡，坐在沙灘上看著海鷗飛過，隨著夕陽西下，我任憑這海灣中略有寒意的秋夜晚風吹亂衣襟，心並未因此而隨之冷卻；我端坐在沙灘等待著那個因為愛讓自己成為一個完整的人出現在生命當中，光是這樣一個希望就足以如同秋窯裡的餘燼，可以繼續的讓自己不僅不會熄滅，並且有足夠的熱力持續悶燒下去直到內心滿溢愛情的那一刻到來！

只要兩情相悅,你若不離不棄,我必生死相依。

背德愛火更熾熱
●失樂園●

背德的基因早在亞當夏娃吃下禁果時,就世世代代留在人類的靈魂當中了。

《失樂園》

渡邊淳一的小說，發行量突破三百萬冊，曾改拍成電影和電視劇。此書受到讀者歡迎的程度，使「失樂園」一詞成為日本婚外情的代稱。各有婚姻與家庭的出版社男編輯與個性壓抑的女書法家，產生一段背德的婚外情，迸發的情慾淹沒了理智也葬送了生命。情感的本質是否就是生死相許，賦予米爾頓的《失樂園》第二重的意義。

在智慧型手機尚未問世的時代，電車上大多數的人都以文庫本來消磨通勤的時間。日本書店習慣在顧客購買書本後貼心地包上書套，因此即使在列車上比鄰而坐的乘客，也無從得知旁邊的人閱讀的書目為何。只是對於這些隱藏在書封之下蠢蠢躍動的，或許是對某些事物、嗜好的熱情與想像，也可能是對某些人的激情與欲望。而在通勤時刻擁擠的車廂中，人與人的身體隨著列車行進規律的磨蹭著，隨著文字撩撥起來如火燎原的情欲怕是更放大了靈魂飢渴的缺口。

借名自米爾頓的史詩名作《失樂園》，渡邊淳一把這個在東京近郊四處偷情的不倫之戀，在報紙上以連載的方式依照出刊日期緩慢的進行著，那些自己藉口晚歸的私密約會，那些假日有名無實的外地差旅，廣大的上班族在列車上閱讀著可能就是描寫自己的故事。這本書寫人性底層欲望的小說在很短的時間內狂

「凜子脖子左邊和胸部、乳頭四周都留有我咬出的紅色血印。」——《失樂園》

銷數百萬本，銷售長紅的數字彷彿赤裸裸掀開了每一個人偽善的道德面具。

你去鎌倉禮佛還是幽會地下情人？當你和外遇的對象走到日光的東照宮時，看到那三隻孔子的非禮猴你會不會想起遭到自己背叛的伴侶？我想對於久木與凜子兩人來說，他們的戀情反映出日本人對於體制內龐大結構的無力對抗與屈從。表面上維繫著有名無實的婚姻，現實裡卻忠於自己內心的情感方向，在車站月台上一次次搭上偷情的列車到各地尋求短暫的慰藉，情人永遠是自己內心的指南針，他所在的地方就是自己腳步前進的方向。

或許，兩顆心相互碰撞的那一刻所激發出的火花可比宇宙的大爆炸，為了和對方在一起，或者說只要能和心愛的人在一起，其他的事情都顯得無關緊要。信州高原上的輕井澤氣溫相對於其他地方都來得低，容易起霧也容易下雪，人工滑雪場前的纜車永遠都擠滿了上山準備俯衝而下的男男女女。所以在一段背德戀情之中，換作是自己，我是不是也會選擇像這些滑雪青年一樣從山頂一躍而下？我會不會像飛蛾撲火一樣拋開所有的束縛奔向情人的懷抱？愛情永遠是自私的，所以看不到其他人的感受；情人的眼光總是狹隘的，因此只看得到對方；即使滿山的楓葉，只要二人在林中信步徐徐，不管樹林與滑雪場中的燈是不是會像偶像劇一樣為自己亮了起來，我眼中只有你，而我也只求你眼中亦只有我。

個性壓抑的日本人談感情就好像坐地區性的慢車一樣，從川端康成的《伊豆舞孃》到現在還是半點都沒有改變，一點一點的釋放與醞釀。而在適當的時機或者不預期的狀況下，就會點燃引信讓豐沛的情緒傾瀉而下，是的，直到走不下去之前，我們都還是會被基因裡潛藏的惡魔挑起一次次的誘惑。人類並沒有從戰爭中得到教訓，就像凡夫俗子的你我從來沒有在愛情中學到功課一樣，我們總是不知不覺無法控制自己而走向誘惑的陷阱，最後任由欲望的流沙淹沒，滅頂！

當愛沒有明天

●高校教師●

每個人的人生列車都會走到終點，只是進站方式的大同小異而已。

《高校教師》
劇作家野島伸司挑戰日本師道底限的名劇，集合亂倫、殺人、同性愛與師生戀的禁忌情節，引起社會與觀眾熱烈議論。故事描述一對在車站相遇、在車站殉情的戀人，每隔十年便由新生代男女演員爭相競逐詮釋之作。

冬季的井之頭恩賜公園還在嚴寒當中等待櫻花盛開，春天的腳步還沒有踏進這裡，在過早的年紀中品嘗到的愛情是否也會開出美麗的花朵？京王井之頭公園線的彩繪列車一輛輛的通過似乎是不斷提醒著生命的花季即將到來。我站在出口時想著，只要一出站就是走進翻拍了三次的野島伸司名劇《高校教師》的舞台了。在走出站外的瞬間思考著：如果換作是我，在通勤時間人來人往的當下以一個女子高校的未婚男老師的身分，我會不會在車站替女學生為了車資誤會而解圍？性別意識在男女分立的學校中似乎應該更守分際與保持距離吧。

從熱鬧的吉祥寺來到一站之外的這裡，空氣清新許多，少了商店街喧囂叫賣的聲音，只聽得到烏鴉的幾聲啞嗓孤鳴。我相信跟上野公園一樣，等到花季到來這裡必然生機勃勃，但是現在的井之頭公園車站安靜寂寥，在這種氛圍或許我更能貼近不明就裡來到高中女校任教的羽村隆夫的世界吧。特別的是在假日的今天，取景過程中高校女孩的出現讓我有了些許異樣的感覺，如果換作自己被眼前的高中生大膽的示愛，這對於我或其他一般人來說會是一種雀躍還是挑戰？甚者如果是當時清純如天使一般的櫻井幸子熱情的在校園內對我大喊一聲：「我會保護你的！」在那當下是否我也會隨之怦然心動？是否我未來也會為曾經烙印在她身上的遭遇為之落淚？

大多亮是一個對於各種形式的愛情都能詮釋得極其到位的導演，隨著劇情的演變、藉由場景的變換與取景的意境，會讓人迅速的融入主角的內心世界當中，

　　而我現在就在這裡體會著劇中人物走過的心情，並且一步步地從等待春天降臨的井之頭公園為起點，隨著列車依照行駛區段離開東京慢慢進入了新潟境內往更遙遠的日本海前進。

　　所有的情感當中後勁最強的莫過於朝朝暮暮的相處模式吧。我嚐過像是釀酒一般經由朝夕相處進而相戀的滋味，常常與友人分享著：「當你的已撥電話、

已接來電與未接來電幾乎都是同一個號碼時，或許那種關係就是所謂的戀人了。」要經過多久的等待才能遇到一個值得以生命相許諾的情人？從東京到海風呼嘯的日本海沿岸不是一段容易的旅程，一如愛情的維繫總有許多轉折與分歧，愛情的旅途若是禁不起風吹雨打，我們往往就任性的在下一站下車，置車上的情人不顧而逕自離去。

如果說在冬季的井之頭公園無法體會到劇中男女主角的苦澀戀情，當列車從長野經由妙高高原轉進信越本線而從急行列車轉乘一般的慢車，在經過中繼站直江津之後左手日本海側的岩岸風景便浮現眼前——此時只需要打開車窗就可以感覺刺骨的冷風吹拂在臉龐的蕭瑟，遠在東京無法感受的心情不難隨著眼前的景色與氣溫而立即進入劇情的最高潮當中。

其實第一次經過這裡時並沒有勇氣在青海川下車，第一次試圖取景時的天候比現在更為惡劣，才不過午後遠方的天空已轉暗沉，眼看著似乎暴風雪就要靠近，巨浪拍打著沿岸的礁石如同野獸的怒吼，那幾天是日本百年不遇的大風雪，狂風暴雪吹襲著青海川的月台，不管從大站如新潟或長野發出的車輛，會停留在青海川的車班過了午後極為稀少，一個下車的決定可能就是二個小時以上的等待。當時在這樣的天氣狀況下我實在沒有勇氣孤身站在這裡待上二個小時來經歷椎心刺骨的冷風吹拂，而這裡就是劇中昔日相遇在美麗的京王線上的二人最後靜靜在此嚴寒的無人月台上等待人生最後一班列車到來的所在，原來這種感覺就是絕望的溫度！

即便過了一年之後我再次來到這裡，冬季的強風依舊無情肆虐著曲折的海岸，甚至在這第二次的造訪中列車由於側風過強而被迫暫停在米山站，這裡距離青海川僅僅一站之遙。2007年新潟中越地震引發的土石流已經摧毀過青海川車站站體一次，第二次來到這裡所感受到的豪雪嚴寒，我想我大概知道詩經所說：「冬雷震震、夏雨雪，天地合，乃敢與君絕」是什麼意思了。

為了拍攝這最後的鏡頭，兩位主角勢必在這樣的低溫下，站在月台上真實地任由零度以下的寒風吹拂著，口裡呼出的空氣成了一縷輕煙，雙手擋不住寒冷的氣溫而相互搓揉取暖，正因為相愛，所以只能在彼此的體溫當中相濡以沫；正

如果讓你選擇，你希望死前見到的最後一幅風景會是哪裡？

因為被世界唾棄，所以最後只能用這個方式來結束一切。就算沒有經歷過那種
被詛咒的戀情，只要站在淒風苦雨的青海川這裡，也能深深體會那種走投無路
只好用自己的雙手了結一切的決絕，所以劇組選擇離開了喧鬧的東京，用鏡頭
帶著緩慢行駛在海岸邊的普通列車，在最後的場景隨著主題曲森田童子幽幽的
歌聲讓二宮繭在結霜起霧的車窗上用手指頭畫下二隻相擁而眠的幸福小貓後，
二人任由列車繼續載往終點站柏崎，進入永遠的夢鄉。

愛在夕陽西下時
● 終點站～Twilight Express之戀 ●

有天使守候的愛情，是不是就有了更多的祝福、更多上帝的庇佑？

《終點站～Twilight Express（曙光號特快）之戀》
分手十年彼此再度擦肩而過的戀人，選擇在最豪華的寢台列車上
為這段意外的婚外情畫上終點，雪夜之後是否二人能夠在終點站
放開對方的雙手，各自回歸家庭、回復倫常？

在台北這樣一個有300多萬人生活工作的城市，如果能在街角相遇已屬不易。
在某一次出差的航班上我和一位曾經相戀的朋友一前一後登上班機，然後我
在東京準備出關，對方則繼續飛往紐約，在飛機上我們短暫的寒暄了一會，彼
此討論著所謂命中注定這麼一回事，在短短的二個小時中我們重溫了過去熱戀
的短暫回憶，那是在我過往的情史當中相當特殊的一位情人。所以我相信在千
年古都京都中，一定有著更不可思議的愛戀故事在每個角落滋生，從《源氏物
語》到現在，從五重塔矗立之後到這個後現代鋼構建築的巨大車站，在看似小
山一般綿延不絕的手扶電梯上，一定也有曾經相愛相戀的情人們在不同的方向
一上一下的交錯過，而眼前突然出現的情人身影永遠都會讓內心湧起千層浪
濤。這樣的交錯，難怪讓張愛玲寫出「沒有早一步也沒有晚一步，就這樣剛巧
趕上了！」的詞句。

《終點站～ Twilight Express 之戀》這部電影好像預先知道特急寢台日暮號即
將廢車的消息，然後以京都車站為起點，對這夢幻一般的車輛裡裡外外做了最
後的巡禮而創造出另一個火車故事。這輛日本行駛距離最長的豪華寢台特急
即將在 2015 年的時刻表當中消失，這也是綠色 EF81 牽引車頭在世人面前最後
的舞台。要迎接本州與北海道的二種車頭型式並留下身影並不是一件困難的
事，但是要猜測在大雪的夜裡男主角在表定的車站之外中途下車的地點就不太
容易，而在電影當中除了天亮之後有二輛681系貫通型列車同時停靠的畫面之
外，並沒有留下太多的線索，於是這就引起鐵道迷猜想與給了自己出發到實地

我們之間或許就像開往不同方向的列車，既然能夠在同一個車站交會，那麼請讓我們在天亮前好好把握今夜，為彼此留下日後可供咀嚼的美好回憶！

沿線探訪的好藉口。

冬季的日本海沿岸大雪司空見慣，既然是在681系列車行駛的區間，那麼在北陸本線當中只有二座島式月台的車站我想也不難尋找，一切都顯得如此唾手可得，除了看遍1400公里二端的景色之外，什麼事情是我在這一趟旅途中所能夠體會的呢？挑了幾個積雪厚度夠深的車站我走出列車，站在月台上試圖在零下的氣溫當中體會在什麼樣的情況會在暴風雪當中拋棄自己的情人？刺骨的寒風很快凍結了我的雙頰，帽沿與眼鏡上沾滿了片片雪花，在這樣寸步難行的雪夜中那種絕望的感覺應當就是離開摯愛或者終結一段椎心刺骨的婚外情最好的催化劑，沒有什麼樣的感觸比心結凍來得痛徹心扉了，哀莫大於心死或許就是這樣的感覺。

按照日暮特急行駛的時刻表，敦賀與福井這一段還是在黃昏之前的日本海側行駛，若非遇上暴雪應當可以名符其實的看到壯闊的夕陽緩緩西沉的景觀——而一段感情不就是在企求一個朝朝暮暮？金澤站有著巨大的屋頂因此不太像是電影結尾中那個轉折點的跨站天橋所在，過了直江津之後就轉入新潟縣的長岡，屆時也就看不到電影當中二人準備各自從不同方向返程的681系列車，我坐著慢車一站一站看著周遭的景物試圖尋找那個象徵愛情結合的月台。在準備進入青函隧道之前所有的車種都會在此處更換ED79系列牽引車頭，等到達函館之後才會換上北國寢台列車專屬的藍色DD重連柴油車頭，在天亮之前完成最後一段旅程。

在茫茫人海中，要多少的機率、要多深的緣分，才能夠彼此相遇？
不要在雪夜中拋棄列車中的情人。

請和我一起看著日出日落，請陪伴著我一直到軌道的盡頭！

我不去臆測哪裡是電影當中那段感情的終點站，在自己的人生旅途上即便只剩下我一個人，我也還是會按照自己的路線一直換車到札幌為止。沒有走到終點就看不到盡頭的風景，沒有堅持到最後也體會不到原來在風雪中拍攝嚴重誤點的天使列車要有多麼堅強的意志力，為了迎接天使的到來或許這就是應當付出的代價，而守候了二十二小時後所保存下來的果實，也只有那些耐性等候的人才知道這滋味是何等甜美。當初你沒趕上我的班次，但是我依舊會繼續在札幌等候著你的到來，我想天使將會守候著你的腳步把你帶向我的所在，然後從這個終點站開始，我們換一條軌道搭乘另一班列車繼續專屬於我們的旅程，你說好不好？

終點是下次旅程的開始

同一個機場由二個不同的鐵道集團各盡巧思在鐵道工藝上推陳出新，關西機場如此，關東的成田與羽田亦如此。成田機場由JR東日本與京成電鐵相互較勁，針對E259車輛的競爭上，京成推出第二代AE100型Skyliner天空特急來與JR東日本一別苗頭，羽田機場則是分別由京急與東京機場輕軌電車提供載客服務，但在北海道新千歲機場、九州福岡機場，則只有單一鐵道公司服務出入境旅客。特急電車281系「遙」與南海電鐵「藍色鐵人」其間的關西機場，直到「紅色夏亞」出現後，這個視覺平衡才被打破，因此書中特別收錄一篇「期間限定的逆襲─紅色夏亞」，來描述2014年夏天這個赤色彗星超級列車。

在台灣最大、成長也最快速的日本鐵道版上，至今也不過三位同好在那個限定期間有幸搭乘並拍下彌足珍貴的照片。因此，我突然興起一個關於橫跨30年的旅行實驗，思考著是否可能以對話的方式共同合作撰寫這輛從傳說然後成為傳奇的南海電鐵列車。其實，每個車站通常都有上行與下行二個方向可以到

你的行李裝了多少風景？你的心裡是否也蓋滿了幸福車站的紀念印章？

看到了這幾輛列車，代表你即將離開這個列車多到目不暇接的鐵道王國，但是鐵道旅行並沒有結束，而是下一次列車探險的開始。下一趟旅行，出發！

達，行車路線從來就不是單一的選擇，例如本書《銀河鐵道999》就道出了鐵道旅行的本質，前面一位旅人把宇宙盡頭的景致帶回來之後，成為下一個旅人啟程的動機，1981年的我經由松本零士這部經典搭上了C6248出發，然後和2014年才搭上C6250的星野翼在時光隧道兩端穿越了銀河鐵道的路線而相識，進而開始寫作上與攝影上的交流，共同完成了「夏亞的逆襲」這個故事。同一路線上二種不同塗裝的空港特急，以及由不同路線出發到達金澤二十一世紀美術館的旅程，不管對我、翼或者是一同搭車到這裡的你來說，我想鐵道旅行將會隨著無盡延伸的軌道持續下去！

書寫到這裡算是告一段落，但是日本列車不斷推陳出新，於是旅人再度產生想買下一班出發的機票與車票展開嶄新旅途的念頭。或者接下來就換你上車，然後寫下新的故事，分享我們未見過的新風景。

跋

附錄　各章列車與景點指南

凡例：列車型號與景點後括弧內數字為本書頁數

自序
列車：JR成田特快 Narita Express-E259系（8左上）、名鉄中部国際空港特急2200系（8左下）、JR關西空港特急はるか〔遙〕281系（8右）
景點：東京車站0哩界標（7）

勵志與療癒線 Encouraging Line / Healing Line / Self Reflection Line
列車：山手線E231系500番台トウ514編成〔東京駅開業100周年記念〕

◼1 冰雪下的強韌生機 ● 阿信（おしん）
列車：新幹線E3系1000番台（12）、新幹線400系（16）、山形在來線JR東日本719系列車（17）
景點：山形縣尾花澤市銀山溫泉（14）
官網：http://www.ginzanonsen.jp/

◼2 輕快昂揚邁向自己的路 ● 海女小天（あまちゃん）
列車：三陸鉄道36-100型氣動車〔堀內站〕（18）、北三陸暖爐列車こたつ與團體列車（21下）
景點：蕪嶋神社（20）、JR久慈／北三陸站全景（21上）、上野阿美橫町女學園址（22）
官網：http://visit-japan.jp/sp/features/32touhoku/spot08.html

◼3 幸福人生旅途的起點 ● 鬼太郎之妻（ゲゲゲの女房）
列車：境線妖怪列車全系列（24/26）、キハ33系〔米子—安來間〕（27）
景點：境港鬼太郎銅像（26）
官網：http://www.sakaiminato.net/

◼4 釀出第一清酒的執著 ● 夏子的酒（夏子の酒）
列車：國鉄色越後月光（ムーンライトえちご）號（30）、485系3000番台特急いなほ、485系快速信越（33上）、新幹線200系國鐵色（33下）
景點：〔妙法寺—小島谷〕間雪田（31）
官網：http://www.echigo-bishu.com/kusumi-shuzou.html

◼5 跑者是為了什麼而跑 ● 箱根驛傳
列車：小田急羅曼史 EXE（37右）、鶴見線安善貨物站（37左）
景點：箱根蘆之湖（34）、湘南海岸江之島電鉄鎌倉高校前（35）、日本橋（36）
官網：http://www.hakone-ekiden.jp/

◼1 永遠的旁邊是一步之遙外的永遠 ● 永遠在身邊（永遠のとなり）
列車：キハ47系藍 AQUA LINER（41上）、JR九州883系電車（41下）
景點：香椎濱中央公園（38）、博多灣香椎濱（40）
官網：http://ic-park.jp/index.html

◼2 寂寞心靈的救贖 ● 書人因緣
我在森崎書店的日子（森崎書店の日々）／神保町書蟲（神保町の虫：新東京古書店グラフィティ）／林布蘭的光（美術探偵・神永美有シリーズ）／編舟記（舟を編む）

鐵道王國千里紀行

御宅鐵線 Railway Fan Line
列車：JR 貨物機關車 EH800-1

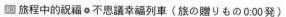

R1 夢的延續 ◉ 銀河鐵道 999（銀河鉄道 999）
列車：京都梅小路 C621（86）、C56-160 米原北琵琶湖號（88）
景點：小樽舊手宮線雪祭銀河鉄道中繼站獵戶座（91 上）、北斗七星
　　　（91 中）、小倉站新幹線口梅特爾銅像（91 下）
官網：http://www.toei-anim.co.jp/movie/999/

R2 旅程中的祝福 ◉ 不思議幸福列車（旅の贈りもの 0:00 発）
列車：JR 名古屋東海鉄道博物館 EF58 茶釜（92）、キハ47 形廣島色（95 上）、橫川碓冰峠鐵道博物
　　　館 EF3020 銀釜（95 下））
官網：http://museum.jr-central.co.jp/
　　　http://www.usuitouge.com/bunkamura/
　　　http://www.kurenavi.jp/html/movie_location_tabi.html

R3 跨越時空的列車 ◉ 旅行的贈禮：航向明天（旅の贈りもの 明日へ）
列車：九州鉄道博物館 Kuha 481 系（96）
景點：越前鉄道三國港站（98）、福井站前商店街（100）、683 系七尾站平交道雪景（101）
官網：http://www.tabi-fukui.jp/
　　　http://www.k-rhm.jp/

R4 轟隆隆遠去的人生 ◉ 鐵道員
列車：キハ12 形（104 上右）、一烟電鐵（105 上左）、富山電鐵（105 上右）
景點：青森縣蟹田站雪中鐵道員（102）、幾寅站（104 左）
官網：http://movie.walkerplus.com/mv45779/
　　　http://www.kinenote.com/main/public/cinema/detail.aspx?cinema_id=42440

R5 期間限定的逆襲 ◉ 紅色夏亞
列車：2014 夏限定款赤色彗星（106, 109）、南海電鉄關西空港特急 Rapid 藍（108）

R6 若逾此界就別再回首 ◉ 浦島太郎
列車：指宿玉寶盒（110）
景點：小田急片瀨江之島龍宮車站（112 上）、指宿玉寶盒列車中錦盒（112 下）、指宿玉寶盒列車浦
　　　島太郎彩繪玻璃（113）
官網：http://www.miho.or.jp/chinese/

R7 意外與偶然 ◉ 浦島太郎番外篇
列車：新幹線檢測車 Dr. Yellow（114）、新幹線 E3 系山形色（116）、
　　　新幹線 E3 系 2014 新塗裝色（117 上）、新幹線 E3 系とれいゆ
　　　足湯 Resort（117 下）

R8 人生是無盡的冒險 ◉ 神隱少女（千と千尋の神隠し）
列車：伊予鉄道少爺列車（120 下）、特急石鎚（123）
景點：伊予灘海上鉄道（118）、道後溫泉本館（120 上）

官網：http://www.dogo.or.jp/pc/

　　　http://www.jr-shikoku.co.jp/03_news/press/14-04-30/01.htm

[R9] 帶你回到親愛的人身邊 ● 聖誕夜特急（JR東海 X'mas Express CM 1988~92年、2000年）

列車：新幹線100系（124）、新幹線700系（126）、新幹線N700A（127）

影像：https://www.youtube.com/watch?v=g6nLSRPOZ0Q

[R10] 速度越快，心越慢 ● 女子鐵道緩緩前行（女流阿房列車）

列車：新幹線500系（130, 131）

景點：博多南新幹線總合車輛基地（128）、京都站新幹線月台藝妓群像（133）

官網：https://www.westjr.co.jp/press/article/2014/03/page_5423.html

[R11] 回到心靈故鄉 ● 戀戀三祭

列車：新幹線E4系（136上）、新幹線E5系（136下左）、新幹線E6系（136下右）

景點：青森縣五所川原立 武多館燈籠巨像（134左）、秋田市竿燈大通碑（134右）

官網：http://www.sendaitanabata.com/tw

　　　http://www.kantou.gr.jp/about/

　　　http://www.tachineputa.jp/

[R12] 神秘深邃的遠古物語 ● 三眼神童（三つ目がとおる）

列車：Resort白神啄木鳥編成（140）、京福電鐵（142）、寢台列車日本海（143）

景點：五能線木造站（138）、京都龍安寺（141）

官網：http://www.jreast.co.jp/akita/gonosen/train/index.html

　　　http://randen.keifuku.co.jp/

[R13] 戰爭或和平 ● 沉默的艦隊（沈黙の艦隊）

列車：瀨戶內マリンビュー（146上）、高松マリンライナー（146下）

景點：廣島海上自衛隊吳史料館前潛艇秋潮（144）、廣島吳市大和博物
　　　館前海神波賽頓立像（145）、世界遺產嚴島神社海上大鳥居（147）

官網：http://www.jmsdf-kure-museum.go.jp/

　　　http://www.yamato-museum.com/

　　　http://www.miyajima-wch.jp/jp/itsukushima/

親情與愛情線 Parenthood Line / Love Line

列車：DD51 / C6120 SL Valentine專列〔群馬八幡—安中〕站間〔2015/2/14情人節一日限定〕

[P1] 有如遠方閃耀著的星辰 ● 東京鐵塔（東京タワー ～オカンとボクと、時々、オトン～）

列車：Sonic 885藍（152上右）

景點：平成筑豐鉄道油須原站（150）、東京鐵塔夜景（151）、小倉站方向碑（152上左）、增上寺
　　　櫻景（153）

官網：http://www.tokyotower.co.jp/index.html

[P2] 愛的代價 ● Runaway ～為了心愛的你（ランナウェイ～愛する君のために）

列車：近鐵21020系名阪特急（155）

　　　附
　　　錄

官網：http://hicbc.com/tv/tsukiniikufune/index.htm

http://www.chitora.co.jp/sightseeing/

L4 絕望才是愛情的盡頭 ● 令人討厭的松子的一生（嫌われ松子の一生）

列車：新幹線300系（198）

景點：青森站廢車股道（202）、南千住日之出町荒川堤岸（200, 203上）、南千住淚橋明日之丈立像

（203下）

L5 淡淡的青春戀慕 ● 伊豆舞孃（伊豆の踊子）

列車：伊豆箱根鉄道駿豆線（206上）、185系踊り子号（207）、スーパービュー踊り子号（209上）

景點：河津七滝初景滝舞孃青銅像（204）、初景橋（206下）、下田黑船（209下）

官網：http://www.nanadaru.com/htmls/takidata/shokei.html

http://www.shimoda-city.info/index.shtml

L6 你是否還在交友網站尋找另一顆寂寞的心 ● 東京灣景（東京湾景）

列車：東京單軌電車（212上）、新幹線700系 Ambitious（213）

景點：彩虹大橋（210）、富士電視台（212下）、東京灣夜景（214）

官網：http://www.gotokyo.org/tc/tourists/areas/areamap/odaiba.html

L7 背德愛火更熾熱 ● 失樂園（しつらくえん）

列車：江之島電鐵（216）、新幹線E7系（219下）

景點：日光東照宮非禮三猴（217下左）、はまなす夜行列車之情侶（217下右）、輕井澤楓葉渡假木

屋區（219上）

官網：http://www.toshogu.jp/

L8 當愛沒有明天 ● 高校教師

列車：京王線通勤列車（222上）、快速くびき野（223）

景點：信越本線青海川站（220）、京王井之頭公園站（222下）、日本海〔青海川─鯨波〕站間海岸

冬景（225）

L9 愛在夕陽西下時 ● 終點站～ Twilight Express 之戀終點站（終着站─トワイライトエクスプレスの恋）

列車：寢台特急 Twilight Express 黃金天使側標（226）、北海道段機關車（231）

景點：寢台特急Twilight Express沙龍觀景車廂（228）、富山站跨線月台雪景（229）、京都站大廳（230）

官網：http://www.tbs.co.jp/program/dramasp_20120320.html

跋

列車：京濱急行 Yellow Happy 空港線（232左）、

789系1000番台（232右）

景點：北九州門司港站0里界標（233）

國家圖書館出版品預行編目（CIP）資料

鐵道王國千里紀行：列車上的日本文學、戲劇
　與映畫風景／岩坪輝, 星野翼著 .-- 初版 .--
　臺北市；遠流, 2015.06
　　面；　公分 .--（Moving 概念旅人）
　ISBN 978-957-32-7646-3（平裝）

　1. 火車旅行　2. 日本

731.9　　　　　　　　　　　104008227

概念旅人 Moving 037

鐵道王國千里紀行 列車上的日本文學、戲劇與映畫風景

作　　者──岩坪輝、星野翼
副總編輯──林淑慎
主　　編──曾慧雪
行銷企劃──葉玫玉、叢昌瑜
美術設計──陳春惠

發 行 人──王榮文
出版發行──遠流出版事業股份有限公司
　　　　　100台北市南昌路二段81號6樓
　　　　　郵撥／0189456-1
　　　　　電話／(02)2392-6899　傳真／(02)2392-6658

著作權顧問──蕭雄淋律師
□2015年6月1日　初版一刷
售價新台幣360元（缺頁或破損的書，請寄回更換）
有著作權・侵害必究 Printed in Taiwan
ISBN 978-957-32-7646-3

遠流博識網
http://www.ylib.com　　-mail: ylib@ylib.com